¿CÓMO PUEDO SER SANADO?

DAVID YONGGI CHO

Vida
Dedicados a la excelencia

La misión de Editorial Vida es proporcionar los recursos necesarios a fin de alcanzar a las personas para Jesucristo y ayudarlas a crecer en su fe.

Miami, Florida

Publicado en inglés bajo el título:
How can I Be Healed

Traducción: *Gisela Sawin*
Edición: *Gisela Sawin*
Diseño interior: *Grupo Nivel Uno, Inc.*
Diseño de cubierta: *Grupo Nivel Uno, Inc.*

ISBN: 0-8297-3521-6

Categoría: Vida cristiana / Sanidad

Impreso en Estados Unidos de América
Printed in the United States of America

04 05 06 07 08 09 ❖ 06 05 04 03 02 01

CONTENIDO

PRÓLOGO

Sin duda alguna, nuestro Dios desea ver a cada uno de nosotros viviendo en perfecta salud. El primer hombre, Adán, fue creado reflejando perfección en todos los aspectos, incluyendo el de la salud. Sin embargo, después de que Adán fue engañado por las triquiñuelas de Satanás y se resintió su relación original con Dios, se permitió que la maldición de las enfermedades afligiera a la humanidad, destruyendo su salud y haciéndola sufrir.

Hoy en día, muchos han perdido su paz mental y sufren diversas enfermedades, tanto físicas como psicológicas. Yo tampoco he podido escapar de sus garras. Durante los primeros años de mi adultez, atravesé el profundo valle del sufrimiento cuando tuve tuberculosis y una crisis nerviosa. Sin embargo, con la conciencia y la aceptación de los versículos de la Biblia: «Jesucristo es el mismo ayer y hoy y por los siglos» (Hebreos 13:8) y «Yo soy el SEÑOR, que les devuelve la salud» (Éxodo 15:26), fui desbordado con la plenitud de la salud y la vida.

Satanás ataca constantemente a la humanidad con maldiciones y enfermedades, y utiliza el pecado y la filosofía humanística para intentar aplastar el evangelio de la sanidad divina. No obstante ello, podemos disfrutar de la bendición de la salud en Cristo a través de nuestra fe en él. La Biblia nos dice que la cruz proporciona redención de nuestros pecados al igual que la bendición de la sanidad de nuestras enfermedades. Debemos reclamar nuestro derecho a ser sanados en el nombre de Jesucristo y expulsar las enfermedades de los demás difundiendo el evangelio de la sanidad divina a los que sufren.

Cristo quiere vernos vivir en salud y que todo lo concerniente a nosotros marche bien, así como nuestro espíritu se completa a través de él. Podemos ver muchos casos de sanidad divina en el ministerio de nuestro Señor. Incluso hoy en día, Cristo brinda paz y esperanza a los que sufren de desasosiego y angustia, y sana a los que padecen enfermedades.

Mediante la comprensión correcta de la sanidad divina según la Biblia, los que sufren de enfermedades pueden experimentar el poder y el amor de Dios; pueden vivir en fe y bendición.

Oro porque usted comprenda correctamente el evangelio con respecto a la sanidad divina y encuentre al Dios Sanador, para que pueda disfrutar plenamente de las bendiciones que Cristo ha preparado para nosotros.

Octubre de 1999
David Yonggi Cho, pastor principal
Iglesia Yoido Full Gospel
Seúl, Corea

Todas las referencias que en este libro se hacen a las Escrituras provienen de la Nueva Versión Internacional, salvo cuando se indique lo contrario.

CAPÍTULO 1

Sanidad divina

CAPÍTULO 1

Sanidad divina

Pondrán las manos sobre los enfermos,
y éstos recobrarán la salud.
—MARCOS 16:18

Servimos a un Dios bueno. Él está lleno de amor y gracia. Dios desea vernos sanos y viviendo bien, así como nuestro espíritu ha sido creado bien. De la misma manera en que un pastor conduce a su rebaño a los verdes pastos, Dios llena con cosas buenas a todos aquellos que vienen a él a través de Cristo. A quienes sufren desesperanza, él les da esperanza. A los que sufren pesadas cargas, él les da descanso. A aquellos que están enfermos, él les da sanidad.

A lo largo de los cuarenta años de mi ministerio he sido bombardeado con preguntas: «Si le pedimos a Dios, ¿realmente podemos ser sanados? ¿Puedo ser libre de esta angustia mental y vivir en paz? ¿Qué debo hacer para recibir la bendición de la salud?». Este libro se propone responder a estas mismas preguntas relacionadas con el evangelio de la sanidad divina.

Definiciones de sanidad divina

Un hecho sobrenatural

Las leyes científicas no pueden explicar la sanidad divina; la misma es un testimonio del poder de Dios. Dios es omnipotente. Él puede sanar nuestras heridas y enfermedades, incluyendo el cáncer y los problemas cardíacos. Él puede proporcionar una cura para todas nuestras enfermedades y debilidades físicas. Dios quiere que seamos espiritual y físicamente sanos.

Una obra de la trinidad de Dios

La humanidad no puede imitar la sanidad divina a través de algunas experimentaciones o de la teorización racional. La sanidad divina solo puede ser planificada y llevada a cabo por Dios mismo. Cuando Dios condujo a los israelitas fuera de Egipto a Canaán, les dijo: «Yo soy el SEÑOR, que les devuelve la salud» (Éxodo 15:26). Cristo dedicó gran parte de su ministerio a sanar a los enfermos. También instruyó a sus discípulos a continuar con su ministerio de sanidad (Mateo 10:8).

Luego que Cristo sanó al hombre poseído por el demonio, que estaba sordo y ciego, dijo: «En cambio, si expulso a los demonios por medio del Espíritu de Dios, eso significa que el reino de Dios ha llegado a ustedes» (Mateo 12:28). Este versículo nos enseña que Jesús le pidió al Espíritu Santo que sanara al enfermo.

Uno de los dones del Espíritu (1 Corintios 12) menciona específicamente los dones de la sanidad. Dios desea sanar a los enfermos; la trinidad de Dios participa activamente en la sanidad divina.

Un sacrificio de redención y provisión

El profeta Isaías habló sobre el ministerio de salvación de Cristo cuando dijo: «Él fue traspasado por nuestras rebeliones, y molido por nuestras iniquidades; sobre él recayó el castigo, precio de nuestra paz, y gracias a sus heridas fuimos sanados» (Isaías 53:5). Cristo murió y resucitó para toda la humanidad. Su deseo de nuestra salvación también incluía el deseo de que viviéramos vidas sanas. Él sufrió físicamente y su carne fue rasgada con el objeto de traernos victoria sobre nuestras debilidades y enfermedades físicas. El sufrimiento de Cristo en la cruz trae victoria sobre el pecado; el sufrimiento de Cristo en la cruz trae sanidad para la enfermedad. Su sacrificio redentor nos proporciona salud tanto espiritual como física. A través de la sangre de Jesús tenemos la salvación. A través de la sangre de Jesús tenemos sanidad divina.

Un don de Dios

La sanidad divina no puede comprarse por un precio. Así como la salvación es un don de Dios, la sanidad divina también lo es. Hemos recibido la salvación por medio de nuestra fe en Jesucristo, y también recibimos la sanidad a través de nuestra fe en el Señor.

La sanidad divina en la Biblia

Hay muchos registros de sanidad divina en la Biblia, tanto en el Antiguo como en el Nuevo Testamento.

Analicemos estos registros para comprender mejor la voluntad de Dios con respecto a la sanidad divina.

En el Antiguo Testamento

Mientras Dios conducía a los israelitas fuera de Egipto hacia la tierra prometida, les dio una promesa:

> «Les dijo: "Yo soy el SEÑOR su Dios. Si escuchan mi voz y hacen lo que yo considero justo, y si cumplen mis leyes y mandamientos, no traeré sobre ustedes ninguna de las enfermedades que traje sobre los egipcios. Yo soy el SEÑOR, que les devuelve la salud"» (Éxodo 15:26).

La salud o el sufrimiento de los israelitas dependía básicamente de su relación con Dios, y poco de los factores ambientales. Dios desea que su pueblo viva en salud. Cuando los israelitas mantuvieron una correcta relación con Dios, tuvieron la promesa de Dios de disfrutar vidas saludables.

Una vez, Miriam criticó a su hermano durante su viaje por el desierto y Dios la castigó con lepra. Sin embargo, cuando ella se arrepintió de su maldad inducida por la oración intercesora de Moisés, Dios la sanó (Números 12:1-15). Del mismo modo, cuando los israelitas se quejaron en contra de Dios y Moisés, Dios envió serpientes venenosas como castigo. Moisés volvió a orar por los israelitas y Dios le dijo que hiciera una serpiente de bronce y la ubicara de modo tal que todos la vieran, así el que mirara a la serpiente sería sanado (Números 21:4-9).

Dichas aflicciones fueron el resultado de una relación incorrecta entre Dios y el hombre. Sin embargo, cuando servimos a Dios y vivimos de acuerdo a su Palabra, podemos disfrutar de la salud. Pero si nos aflige alguna enfermedad, Dios nos sanará.

«Adora al SEÑOR tu Dios, y él bendecirá tu pan y tu agua» (Éxodo 23:25).

«Si prestas atención a estas normas, y las cumples y las obedeces ... El SEÑOR te mantendrá libre de toda enfermedad y alejará de ti las horribles enfermedades que conociste en Egipto; en cambio, las reservará para tus enemigos» (Deuteronomio 7:12,15).

«Envió su palabra para sanarlos, y así los rescató del sepulcro» (Salmo 107:20).

«Hijo mío, atiende a mis consejos; escucha atentamente lo que digo. No pierdas de vista mis palabras; guárdalas muy dentro de tu corazón. Ellas dan vida a quienes las hallan; son la salud del cuerpo» (Proverbios 4:20-22).

Dios sana y levanta a las personas de entre los muertos, trascendiendo las leyes naturales. Dios resucitó al hijo de la viuda (1 Reyes 17:17-24) y trajo de nuevo a la vida al hijo de una mujer sunamita (2 Reyes 4:8-37). Dios sanó la lepra de Naamán (2 Reyes 5:1-15) y sanó al rey Ezequías, extendiendo su vida en quince años (2 Reyes 20:1-11).

Cristo proveyó una solución a nuestra naturaleza pecaminosa, y una solución a nuestras enfermedades.

«Él fue traspasado por nuestras rebeliones, y molido por nuestras iniquidades; sobre él recayó el castigo, precio de nuestra paz, y gracias a sus heridas fuimos sanados» (Isaías 53:5).

Acepte la cruz redentora de Jesucristo y también podrá ser bendecido con la sanidad divina y vivir una vida saludable.

En el Nuevo Testamento

Los Evangelios registran la mayor cantidad de sanidades divinas. Cristo liberó a muchos de espíritus malignos responsable de aflicciones. Hizo que dos hombres ciegos vieran (Mateo 9:27-31), hizo que el sordo oyera y que el mudo hablara (Marcos 7:31-37), y ayudó a un hombre inválido que había estado enfermo durante treinta y ocho años (Juan 5:1-15). Además de esto, Cristo sanó muchas otras enfermedades. Él obedeció la voluntad de Dios a través de su ministerio de sanidad divina (Juan 6:38).

Cristo deseaba la sanidad de los enfermos (Lucas 6:6-11). Los fariseos y los maestros de la ley lo reprobaban, pero él continuó con su ministerio de sanidad divina. A partir de este pasaje, podemos ver que el ministerio de la sanidad divina es más importante que la tradición o la ceremonia. Las iglesias de hoy deberían promover activamente dicho ministerio.

El ministerio de la sanidad divina fue transmitido a los discípulos. El libro de Hechos registra el ministerio de la sanidad divina por parte de los discípulos. Pedro y Juan ordenaron a un mendigo cojo: «No tengo plata ni oro ... pero lo que tengo te doy. En el nombre de Jesucristo de Nazaret, ¡levántate y anda!» (Hechos 3:6). Luego Pedro tomó la mano derecha del hombre y lo puso de pie, y en el mismo momento el hombre comenzó a caminar y a saltar.

A través de los discípulos, Dios reveló su voluntad acerca de la sanidad divina. «También de los pueblos vecinos a Jerusalén acudían multitudes que llevaban personas enfermas y atormentadas por espíritus malignos, y todas eran sanadas» (Hechos 5:16).

Dios también sanó a los enfermos a través de Pablo. Él sanó a un hombre inválido en Listra (Hechos 14:8-10). Los paños y delantales que Pablo había tocado fueron llevados a los enfermos y sus enfermedades se sanaron, y los espíritus malignos los abandonaban (Hechos 19:12).

El ministerio de la sanidad divina no se limitaba a los discípulos. Durante la historia de la primera iglesia los cristianos perseguidos de Jerusalén fueron obligados a huir y diseminarse. Felipe, uno de esos cristianos, fue a Samaria a predicar el evangelio. Con la prédica de Felipe, muchos espíritus malignos que habitaban en las personas fueron echados, y muchos de los enfermos fueron sanados (Hechos 8:4-7). Dios elige usar a aquellos que tienen una fe fuerte (Marcos 16:17-18).

La sanidad divina a lo largo de la historia de la iglesia

Podemos encontrar registros de sanidad divina en los escritos de Tertulio, Origen y Clemente, que datan de aproximadamente el siglo III d.C. Los registros también muestran casos de sanidad divina en el ministerio de John Wesley, cuya gran obra de avivamiento en Inglaterra no tiene comparación. En el siglo XX, Dios bendijo a muchas personas con la sanidad divina, echando a los espíritus malignos y sanando a los enfermos, incluso resucitando de entre los muertos. A través de los medios masivos de comunicación podemos enterarnos fácilmente acerca de los relatos en primera persona de la sanidad divina. El ministerio de la sanidad divina no ha llegado a su fin con la partida de Jesucristo de este mundo; el ministerio de la sanidad divina ha sido transmitida a sus discípulos y a la Iglesia.

La sanidad divina hoy

Durante la época de Cristo muchas personas sufrían de enfermedades. También hoy hay muchos que necesitan la sanidad de Cristo. A partir de la caída de Adán y Eva, la humanidad ha estado sufriendo la corrupción de su cuerpo, corazón y espíritu.

Así como la gente durante la época de Jesús necesitó y experimentó la sanidad divina, las personas actualmente también necesitan experimentar el poder sanador de Dios. Es reconfortante saber que Cristo es el mismo hoy que ayer, y que lo será para siempre (Hebreos 13:8). Por lo tanto, ¿es razonable pensar que Cristo sintió una gran compasión por los enfermos en el pasado para luego ignorarlos hoy en día? ¡No! Aun hoy Jesús siente la misma compasión y sana a los enfermos a través del Espíritu Santo.

Desde el momento en que comencé una iglesia en la región de Bulgwang en 1958 hasta ahora, he visto a Cristo sanar a innumerable cantidad de gente. Estos milagros confirman mi creencia en el ministerio continuo de la sanidad divina de Cristo a través del Espíritu Santo, por lo que constantemente testifico el evangelio de la sanidad divina.

Primer caso

Hace un tiempo, un hombre que cargaba a un niño pequeño en sus brazos vino a mí para que orara por él. El niño tenía aproximadamente cinco años y sufría de leucemia, lo que lo llevaba a una muerte segura. El pequeño debía estar corriendo de aquí para allá sin preocuparse por el mundo, pero yacía desvalido y exhausto en los brazos de su padre. Mientras miraba al hombre y a su hijo, las lágrimas llenaron mis ojos. El hombre me dijo que llevaría al niño a los servicios de adoración el sábado y el miércoles para vencer al espíritu maligno que estaba devorando la vida de su hijo. Pasó una semana. No hubo mucha mejoría en el estado del niño. Pero el hombre no perdió las esperanzas. Continuó asistiendo a la iglesia y orando por la sanidad de su hijo.

Un día, ese hombre ingresó a mi oficina y me entregó un sobre. Me dijo que quería dar una ofrenda de agradecimiento al Señor equivalente al monto de lo que le hubiera costado internar a su hijo en el hospital. ¡En ese momento su hijo entró corriendo en la habitación! Hacía poco tiempo que este mismo pequeño yacía inmóvil en los brazos de su padre.

El hombre me contó que había vuelto de su trabajo la noche anterior y que encontró a su hijo literalmente corriendo por el cuarto. ¡No podía creer lo que estaba viendo! Los especialistas de la medicina moderna habían dicho que el niño no tenía esperanzas. ¡Pero el padre estaba dando testimonio del milagroso poder de sanidad de Dios! Con los ojos llenos de lágrimas, el padre dio las gracias y alabó a nuestro Dios que sana.

Segundo caso

Este incidente sucedió durante una cruzada en una iglesia luterana en Minnesota, Estados Unidos. Luego de predicar y orar para aquellos que deseaban aceptar a Cristo, recibí una clara revelación de Dios mientras oraba por los enfermos.

En la visión vi a una persona sufriendo de cáncer con un tumor tan duro como una roca. Luego vi a Dios sanando a la persona y eliminando el tumor. De inmediato, proclamé que Dios había sanado a una persona que sufría de cáncer. Si bien la iglesia de estilo gótico podía albergar a tres mil personas, el sistema de sonido era inadecuado. Mis palabras no se oían bien, así que nadie vino hacia mí para dar testimonio de sanidad de cáncer.

Luego de cuatro días de concluir la cruzada, recibí una llamada de un pastor diciendo que quería verme. Nos reunimos para desayunar y me contó esta historia.

> «Soy un evangelista que trabaja en Micronesia. Hace un tiempo a mi esposa le diagnosticaron cáncer de mama. Hicimos todo lo posible para que ella se repusiera. Regresamos a los Estados Unidos para que la operaran. Sin embargo, el cirujano no pudo remover el cáncer por completo y se le programó una tercera operación. Puesto que debía estar cerca de mi esposa en sus horas de necesidad, no pude regresar a Micronesia para continuar con mi ministerio. Más tarde oí acerca de su cruzada y mi esposa y yo asistimos durante la primera noche. Sin embargo, el sistema de sonido de la iglesia nos dificultó oír su sermón. Luego de su oración por los enfermos, intentamos escuchar con atención su anuncio acerca de que Dios había sanado a alguien con cáncer. Nos sentimos muy tristes cuando no pudimos oír tal anuncio.
>
> »A la mañana siguiente oí a mi esposa gritar: "¡Ven rápido!". Fui a donde estaba ella y me dijo que el tumor, duro como una roca, comenzaba a ablandarse. Al segundo día, el tumor se

había vuelto totalmente blando. ¡Y para el cuarto día el tumor había desaparecido! Llevé a mi esposa al médico para una confirmación y él dijo que ya no podía encontrar rastros del tumor. ¡Ya no necesitaría operarse! Ahora era posible volver a Micronesia. Pedí verlo hoy para contarle estas buenas noticias y para agradecerle».

El gozo que mostró durante nuestra conversación permanece para siempre grabado en mi mente, y me confirma una vez más que el poder de Cristo vivo continúa hoy día sanando a los enfermos.

Repaso

1. *¿Cuál es la importancia de la sanidad divina?*

2. *¿Pueden las personas experimentar hoy la sanidad divina?*

3. *¿Sobre qué base bíblica podemos decir que la sanidad divina es una obra coordinada de la Trinidad?*

4. *Enumere los versículos que nos enseñan sobre la voluntad de Dios acerca de la sanidad y sobre cómo él cuida nuestra salud si le seguimos obedeciendo.*

____

____

____

____

____

____

Lea los siguientes versículos y medite sobre ellos:

- *Éxodo 15:26*
- *Mateo 10:8*
- *Marcos 16:17-18*
- *Hebreos 13:8*

CAPÍTULO 2

Enfermedades

CAPÍTULO 2

Enfermedades

Adora al SEÑOR *tu Dios, y él bendecirá tu pan y tu agua. Yo apartaré de ustedes toda enfermedad.*
—ÉXODO 23:25

¿Fue el objetivo original de Dios que el hombre viviera en la desgracia y la enfermedad? ¡No! Entonces, ¿qué lo condujo a este estado de desgracia? ¿Cuál es exactamente el origen de las enfermedades y cómo debemos defendernos de ellas? Se ha dicho que la victoria proviene de conocer al enemigo. Por lo tanto, primero debemos adquirir conocimiento acerca de la enfermedad antes de poder intentar encontrar la victoria sobre ella. En este capítulo analizaremos el origen y las clasificaciones de la enfermedad.

El origen de las enfermedades

El diablo

Muchas personas suelen negar la existencia del diablo e ignorar su influencia. Sin embargo, la Biblia señala enfáticamente que él existe. El diablo, que tiene el dominio de la muerte (Hebreos 2:14), aconseja mal y engaña al hombre para que cometa pecados en contra de Dios. Cuando el hombre se aleja de Dios y peca, recibirá su merecido, la muerte (Romanos 6:23). Como tal, Cristo describió al diablo como el que roba, mata y destruye a los hombres (Juan 10:10).

En el libro de Job, el diablo lleva a cabo la ruina material de este hombre. El diablo ocasiona la muerte de sus hijos y aflige a Job con dolorosas llagas desde la planta del pie hasta la coronilla (Job 2:7). Job fue afectado con lastimaduras, no porque no practicara una higiene adecuada, sino porque el diablo golpeó su cuerpo con la enfermedad. En tal caso, la enfermedad puede provenir del diablo.

El pecado

Cuando Dios creó el mundo y todas las cosas que hay en él, el mundo estaba pletórico de felicidad y gozo, no había enfermedad ni muerte. Cuando Adán y Eva desobedecieron el mandato de Dios que los condujo al pecado de rebelión, el mundo se llenó de tristeza y sufrimiento.

Dios instruyó a Adán y Eva a comer cualquier fruto del jardín del Edén, salvo el del árbol del conocimiento del bien y del mal. Pero Adán y Eva fueron tentados por el diablo y comieron el fruto prohibido. Esta desobediencia llevó al juicio de Dios. Luego de la caída, los hombres deberían sudar y trabajar arduamente para obtener su sustento; las mujeres sufrirían dolores de parto. No solo fueron maldecidos sus espíritus, sino que también fueron afectados sus cuerpos físicos, incluyendo la muerte. Todo esto provino del pecado del hombre.

> «Por medio de un solo hombre el pecado entró en el mundo, y por medio del pecado entró la muerte; fue así como la muerte pasó a toda la humanidad, porque todos pecaron» (Romanos 5:12)

Una vez que el hombre pecó y su relación con Dios fue dañada, experimentó la muerte de su espíritu que condujo a la muerte del cuerpo. El primer síntoma de muerte inminente es la enfermedad, resultante del pecado del hombre en contra de Dios.

La maldición

Además del diablo y de nuestros pecados, las enfermedades se originan en la maldición de Dios a la humanidad. Si bien Dios es bueno, también es justo. Debido al pecado del hombre, el Dios justiciero juzgó a la humanidad por su pecado.

> «El SEÑOR enviará contra ti maldición, confusión y fracaso en toda la obra de tus manos, hasta que en un abrir y cerrar de ojos quedes arruinado y exterminado por tu mala conducta y por haberme abandonado. El SEÑOR te infestará de plagas, hasta acabar contigo en la tierra de la que vas a tomar posesión. El SEÑOR te castigará con epidemias mortales, fiebres malignas

e inflamaciones, con calor sofocante y sequía, y con plagas y pestes sobre tus cultivos». (Deuteronomio 28:20-22)

«Todas las plagas de Egipto, que tanto horror te causaron, vendrán sobre ti y no te darán respiro. El SEÑOR también te enviará, hasta exterminarte, toda clase de enfermedades y desastres no registrados en este libro de la ley». (Deuteronomio 28:60-61)

El hombre pecó; el hombre fue maldecido. Se rebeló en contra de Dios y se alejó de su gracia. Cuando un hombre se aleja de Dios y va en contra de su Palabra, se ubica en una posición vulnerable: la de ser robado, matado y destruido por el diablo. Un hombre puede sufrir mucho como resultado de su pecado y de la maldición de Dios.

Cuando Dios creó el universo, no creó las enfermedades. Dios creó el jardín del Edén para Adán y Eva, y lo llenó solo con cosas buenas. El hermoso jardín estuvo lleno de felicidad y gozo para que Adán y Eva lo disfrutaran mientras cumplieran con los mandamientos de Dios.

Dios les dijo que no comieran del fruto que da el conocimiento del bien y del mal. Pero Adán y Eva desobedecieron a Dios. Esto resultó en la muerte de su espíritu, como había dicho Dios: «Pero del árbol del conocimiento del bien y del mal no deberás comer. El día que de él comas, ciertamente morirás» (Génesis 2:17).

Antes de la muerte del espíritu, el hombre se comunicaba con Dios y vivía con la sabiduría y la gracia de la cual Dios le había provisto. Pero el pecado de la desobediencia separó al hombre de Dios y él tuvo que vivir con su propia sabiduría y capacidad.

En primer lugar estuvo la maldición del espíritu del hombre; luego vino la maldición del entorno del hombre. La propia tierra que había bendecido a Adán y a Eva se convirtió en una tierra maldita, de espinas y cardos. Desde ese entonces, las espinas y cardos de su maldición han sofocado la vida del hombre. Podemos ver los resultados de dichas espinas y cardos en nuestro entorno maldito, en nosotros mismos, en nuestra familia y en nuestra sociedad. El avance científico y la reforma social no han sido capaces de llevar felicidad al hombre y a la sociedad. La sociedad sigue sufriendo el temor y la ansiedad, la maldición y la desesperanza, el odio y la guerra. Estas cosas llevaron a la destrucción de la felicidad. Por medio de esta maldición, la propia mente y el propio corazón del hombre y la sociedad están en la ruina.

Luego de la maldición del espíritu y del entorno vino la muerte del cuerpo. El hombre no tenía que preocuparse por la muerte cuando fue creado. Pero cuando pecó, debió volver al suelo de donde fue creado. Si bien el hombre lucha para avanzar en el desarrollo de la ciencia médica y la salud, cuando una persona envejece se vuelve más susceptible a diversas enfermedades, acercándola cada vez más a la muerte.

Una vida impía

Un hombre puede vivir una vida sana si mantiene una correcta relación con Dios y mantiene relaciones morales y éticas con su prójimo. La Biblia dice que cuando un hombre persigue el sendero de la obediencia a las leyes y mandamientos de Dios, recibe bendiciones llenas de salud y felicidad.

Algunas personas viven en decadencia y caos. Viven de acuerdo a sus deseos. Vivir sin guía solo puede llevar a la destrucción de la mente y del cuerpo. Como resultado de ello, las personas pierden su estabilidad mental y física, y se tornan exhaustas y enfermas.

Los cristianos pueden esperar muchos beneficios cuando oran y asisten regularmente a la iglesia: paz, consuelo, coraje, felicidad, el perdón de los pecados y la libertad de la culpa. Sin oración ni asistencia regular a la iglesia, uno sufrirá infelicidad y oposición, lo que conducirá a tensiones y a la pérdida de la salud.

Los hábitos de dietas inadecuadas también pueden conducir a enfermedades. Necesitamos una nutrición balanceada en cantidades apropiadas. Tanto una dieta no balanceada como el consumo exagerado pueden llevar a un desequilibrio en el cuerpo. Beber alcohol y fumar también tienen un efecto muy dañino en nuestro cuerpo.

Cuando la gente sigue sus propios deseos físicos y metas (no prestando atención al objetivo para el cual fue creada) se ve afectada negativamente y en su espíritu; afecta su salud y todo su ser.

La cruz de Cristo y las enfermedades

La base de nuestra sanidad

Puesto que somos susceptibles a la enfermedad, ¿de qué manera puede el hombre escapar a este predicamento? La Biblia nos dice que hemos sido perdonados a través de la sangre de Jesucristo, liberados de nuestra maldición, y que hemos recibido la salvación; también hemos sido sanados por sus heridas (Isaías 53:5).

Mientras Jesús oraba en Getsemaní, se olvidó de sí mismo a fin de llevar a cabo la voluntad de Dios. Se convirtió en un rescate de nuestra desobediencia. A través de Cristo, que derramó su sangre por nosotros, tenemos el poder de vivir de acuerdo a la voluntad de Dios.

Antes de que Cristo fuera colgado en la cruz del Gólgota, derramó su sangre en el patio de Pilato. Luego de recibir la sentencia de muerte dictada por Poncio Pilato, Jesús fue llevado por soldados romanos y debió derramar su preciosa sangre. Con cada latigazo de los soldados romanos, los ganchos de metal que estaban en el extremo del látigo golpeaban su carne. En su espalda y pecho, su carne dejaba ver sus huesos; sangró profusamente. La sangre que él derramó fue la misma sangre que redimió nuestros cuerpos. Cristo quitó el castigo de las enfermedades de nuestros cuerpos cuando derramó su sangre en la cruz (Mateo 8.17).

Los soldados romanos también colocaron una corona de espinas en la cabeza de Cristo. Las espinas lastimaron su frente y su cuero cabelludo; la sangre se derramó desde su cabeza. Cuando Adán y Eva cayeron de la gracia, Dios hizo crecer espinas y cardos del suelo como símbolo de la tierra maldecida. La corona de espinas que llevó Jesús es un símbolo de tal maldición. Al llevar una corona de espinas, Cristo tomó sobre sí la maldición de la tierra, la maldición del entorno en el que vivimos. A través de él, nuestro cuerpo espiritual y físico, y todo lo que nos rodea, puede ser ahora bendecido (Gálatas 3:13-14).

El fruto de la cruz

Cristo sufrió en nuestro lugar: hemos sido bendecidos espiritual, física y circunstancialmente. A través de él, al hombre se le dio la oportunidad de encontrar su lugar original con Dios. El Espíritu Santo descendió sobre el hombre, conduciéndolo a la verdad, ayudándolo a comprender y experimentar el profundo conocimiento y poder de Dios.

Cristo brinda bendiciones en todas las áreas de nuestra vida con la remoción de la maldición y la pobreza. Podemos vencer las dificultades de la vida a través de sus bendiciones. Cuando enfrentamos una situación difícil, debemos clamar por la ayuda de Cristo. Así como un pastor cuida a sus ovejas, y un padre a sus hijos, Dios nos proveerá de soluciones. Él nos conducirá por una senda de virtud.

Por medio de la redención de Cristo en la cruz, el hombre puede ahora encontrar la libertad de las enfermedades. A través de la gracia de nuestro Señor, ahora podemos ser sanados de las enfermedades que atacan y destruyen nuestro cuerpo.

Es más, mientras estamos en Cristo, que fue resucitado de entre los muertos, también venceremos nuestras debilidades y la maldición de la muerte. Podemos disfrutar sus bendiciones eternamente. Los cristianos (aquellos que aceptan a Cristo como su Salvador) reciben vida eterna de Cristo mismo, quien fue resucitado de la muerte (1 Corintios 15:42-44).

Clasificación de las enfermedades

El hombre está compuesto de tres partes: espíritu, alma y cuerpo. Esto se ve reflejado en la carta de Pablo a los Tesalonicenses: «Que Dios mismo, el Dios de paz, los santifique por completo, y conserve todo su ser —espíritu, alma y cuerpo— irreprochable para la venida de nuestro Señor Jesucristo» (1 Tesalonicenses 5:23). Las enfermedades del hombre se relacionan con el espíritu, el alma y el cuerpo.

Enfermedad espiritual

El espíritu tiene la capacidad y la responsabilidad de reconocer a Dios y tener comunión con él. Sin embargo, con la caída de Adán y Eva, la comunión entre el hombre y Dios fue cortada, conduciendo a la muerte espiritual. Esta muerte espiritual afectó a toda la raza humana, impidiendo que el hombre tuviera comunión con Dios. Nuestro espíritu, sin embargo, será trasladado de la muerte a la vida cuando aceptemos a Jesucristo como nuestro Salvador.

Cuando aceptamos a Cristo el Hijo de Dios como nuestro Salvador, nos convertimos en hijos de Dios. El Espíritu Santo testifica a través de nuestro espíritu que somos hijos de Dios (Romanos 8:16). Cuando lo aceptamos en nuestro corazón, podemos seguir teniendo comunión con el Espíritu Santo y experimentar libertad y paz espiritual.

No obstante, si no lo aceptamos, nos convertimos en siervos de Satanás a quien se le ha dado un poder transitorio sobre este mundo. Satán nos priva de la libertad espiritual y nos conduce a situaciones tensas. Por lo tanto, los ojos espirituales del hombre deben estar abiertos a través de la salvación en Cristo, o bien no podrá saber de dónde viene, por qué vive, o a donde se dirige. Sin Jesús, el hombre no puede encontrar la verdadera paz. Cuando un hombre intenta resolver sus propios problemas, tiene este enorme peso sin la esperanza del alivio; enfrenta situaciones que van más allá de su capacidad para manejarlas.

Cualquiera que carezca de una correcta relación con Dios descubrirá que su espíritu está gravemente enfermo. Hay un único tratamiento para la enfermedad espiritual: debe aceptar a Jesucristo como Salvador.

Enfermedades del alma

El hombre posee intelecto, emoción y voluntad. Estos tres aspectos están dentro del dominio del alma.

Muchas personas sufren enfermedades emocionales y psicológicas, perdiendo la voluntad de vivir. Estas condiciones son el resultado de no tener fe en Jesucristo; son el resultado de que el hombre coloque la fe en sí mismo.

La gente fácilmente cae presa de estas cosas: temor, ansiedad, sentimientos de culpa y complejos de inferioridad. Estas emociones y pensamientos negativos distorsionan el pensamiento de la persona y la vuelven pesimista y con un carácter dado a la confrontación. Se ve privada del gozo y la felicidad. Tal persona no puede realizar juicios correctos ni actuar justamente. Se queda alienada en su hogar o en el trabajo a través de una defensa excesiva o de la arrogancia. Crea barreras entre sí misma y quienes la rodean. Esto conduce a heridas psicológicas y emocionales que pueden destruir mentalmente a una persona.

He aconsejado a muchas personas que sufrían un dolor emocional intolerable: por sus familias, cónyuges y otros que las rodeaban. El rechazo, el aislamiento y la indiferencia de los demás afectaban su bienestar físico y mental.

Las enfermedades del alma alcanzan nuestro bienestar físico. Las enfermedades del alma pueden tratarse siempre que uno acepte a Cristo como su Salvador y mantenga una correcta relación con él. Cuando un hombre vive de acuerdo a la Palabra de Dios, su intelecto, su voluntad y sus emociones pueden funcionar normalmente para el propósito que fueron creados.

Enfermedad física

Las causas que pueden llevar a la enfermedad del alma también pueden convertirse en causas para las enfermedades físicas del hombre. Si a las enfermedades del alma se las deja deteriorar, pueden afectar el bienestar físico de una persona. Cuando sucede tal cosa, primero que todo uno debe ocuparse del problema de su alma y no meramente tratar su condición física.

Estas cosas son las que pueden ocasionar enfermedades físicas: virus, problemas ambientales, cambios abruptos en el propio entorno, comida en mal estado y condiciones insalubres. Las enfermedades que provienen de estas condiciones son diversas: indigestión crónica por discapacidad emocional, úlceras gástricas, migrañas, hipertensión, erupciones, asma, problemas respiratorios, insomnio y otras enfermedades incontables. Estas son el resultado de las enfermedades del alma.

¿Cómo podemos evitar sucumbir ante una multitud de enfermedades físicas? Debemos mantener una correcta relación con Cristo, utilizar el conocimiento y sabiduría que él ha puesto a nuestra disposición y mantener condiciones de vida higiénicas.

Tercer caso

Me sentí muy conmovido cuando leí el testimonio de un hombre alcohólico estadounidense. Su adicción le impedía ocuparse de su familia y trabajar de forma responsable. Fue a un reconocido hospital de Nueva York y el médico le prescribió un tratamiento. Sin embargo, nada de lo que le habían indicado produjo algún cambio.

Un día el médico a cargo de su tratamiento miró con profundidad a los ojos del hombre y le dijo: «Mire, he hecho todo lo posible para ayudarlo, pero parece que ningún tratamiento médico puede auxiliarlo. Sin embargo, hay una persona a quien puedo recomendarle para que le haga un tratamiento, pero cobra una cifra exorbitante».

«Dígame, ¿quién es él? No hay problemas de dinero. Debo encontrar un tratamiento para mi alcoholismo».

«Para que esta persona lo trate, debe someterse a él por completo: su espíritu, alma y cuerpo para toda la vida. Ese es el costo del tratamiento».

«Dígame, ¿quién es?».

«Es Jesucristo. Si acepta a Cristo como su Salvador y le entrega su espíritu, alma y cuerpo, y toda su vida, podrá ser sanado de su alcoholismo».

Luego de la visita al médico, el hombre se obligó a sí mismo a caminar hasta una iglesia (si bien cada célula de su cuerpo pedía alcohol). Ya que era un día de semana, las puertas de la iglesia estaban cerradas. Entonces se quedó parado al lado de la puerta, tomó su tarjeta comercial y un lapicero, y escribió:

> «Oh, Señor, debido a mi alcoholismo he destruido a mi familia y estoy casi muerto. He venido para ser sanado, pero veo que tus puertas están cerradas. Aun así, te doy mi espíritu, mi alma, mi cuerpo y toda mi vida. Acéptame ahora y sáname».

Silenciosamente colocó su tarjeta comercial en el buzón que estaba junto a la puerta. En el preciso momento en que dejó caer la tarjeta en el buzón, sintió una calidez, una paz y un gozo indescriptibles recorriéndole su espíritu y cuerpo. A partir de ese momento pudo abandonar el alcoholismo para convertirse en un padre responsable y en un trabajador. Cuando las tormentas de la vida amenazan con enterrarnos, debemos entregarnos por completo a Jesucristo y aceptarlo como nuestro Rey. Entonces, Cristo calma la tormenta y se hace responsable de nuestra vida.

Cuarto caso

Este testimonio de una dama me conmovió profundamente. Su hijo había sufrido de epilepsia, pero Jesús lo había curado de su enfermedad.

Me dijo: «Cuando nació mi primer hijo, mi familia y la de mi esposo estaban extasiadas. Pero después de seis meses, cada vez que el bebé pescaba un resfriado o tenía indigestión, sufría de cortas convulsiones. Todos pensamos que iba a crecer y se le pasarían, y esperábamos lo mejor. Alrededor de los cinco años, sus cortas convulsiones se convirtieron en epilepsia. Cada vez que veía a mi hijo con un ataque (a veces varios en un mes) sentía como si me traspasaran el corazón. Lo llevamos a todos los hospitales que eran famosos por su tratamiento contra la epilepsia y recibimos la misma respuesta: "Intratable"».

»Todo ruido fuerte era suficiente como para desencadenar un ataque, por lo que no podía siquiera jugar con otros niños. Mi depresión me llevó a pensamientos suicidas. Así que aproximadamente hace dos años, decidí que lo mejor era que mi hijo y yo estuviéramos muertos. Compré una gran cantidad de somníferos. Primero yo tomé una gran dosis y luego le ofrecí las píldoras a mi hijo. Él se rehusó a tomarlas y quitó de un golpe las pastillas de mi mano. No tuve el valor de recoger las pastillas del suelo e intentar dárselas de nuevo».

»Cuando mi familia descubrió que había tomado las píldoras, me llevó al hospital. Mientras me estaba recuperando, un hombre que vestía un traje blanco se me apareció entre sueños, preguntando: "Si pudieras curar a tu hijo tomando un balde de aguas albañales, ¿lo harías?"».

»Rápidamente respondí: "Sí, lo haría"».

»"¿Realmente estarías dispuesta a tomarte un balde de aguas albañales?"».

»"Si eso curara a mi hijo, estaría dispuesta a hacerlo"».

»"Muy bien. Antes de que consideres hacer tal cosa, debes creer en Cristo"».

»El hombre desapareció. Tan pronto como me dieron el alta en el hospital, busqué una iglesia e ingresé en ella. Esa iglesia era la Yoido Full Gospel. Luego de que el pastor predicara el sermón, dijo: "Hoy está acá una madre cuyo hijo sufre de epilepsia. Dios lo ha curado. ¡Tenga fe!" Luego de escuchar sus palabras, estaba paralizada al salir de la iglesia. Sabía que el pastor estaba hablando de mí y de mi hijo».

»Al acercarme a mi hogar, mis pies comenzaron a pesarme. Pensé: "¿Es realmente posible que mi hijo esté curado cuando todos los médicos dijeron que eso era imposible?" Al día siguiente lo llevé al hospital. ¡El médico lo examinó y no pudo encontrar ni un signo de epilepsia en su cerebro! Hasta el día de hoy, no ha tenido ningún otro ataque y le va muy bien en la escuela».

Repaso

1. *¿Cuáles son las causas de las diversas enfermedades?*

___

___

___

___

2. *Para mantener la propia salud, ¿qué actitud y hábitos debemos tener hacia la vida?*

___

___

___

___

3. *¿Qué relación existe entre la caída del hombre y las enfermedades?*

___

___

___

___

4. *¿Qué bendiciones hemos heredado a través de la redención de Cristo en la cruz?*

___

___

___

___

Lea los siguientes versículos y medite sobre ellos:

- *Isaías 53:5*
- *Proverbios 18:14*
- *1 Tesalonicenses 5:23*

CAPÍTULO 3

Métodos de tratamiento

CAPÍTULO 3

Métodos de tratamiento

Él fue traspasado por nuestras rebeliones, y molido por nuestras iniquidades; sobre él recayó el castigo, precio de nuestra paz, y gracias a sus heridas fuimos sanados.
—ISAÍAS 53:5

Los que poseen automóviles se dan cuenta de la necesidad de mantenerlos en buen estado de funcionamiento para evitar tener algún inconveniente o pasar algún mal momento. Sin embargo, el mantenimiento periódico no garantiza por completo que uno se libere de todas las preocupaciones. Cuando un automóvil se descompone, a la mayor parte de la gente le resulta necesario llevarlo a un centro de reparaciones o a un mecánico, donde puede encontrar a alguien con el conocimiento adecuado y la experiencia en reparación de autos. Evidentemente, sería una tontería llevar el automóvil al supermercado e intentar arreglarlo allí.

Del mismo modo, cuando nuestro cuerpo está «descompuesto», debemos acudir a alguien que cuente con el conocimiento para repararlo. Nadie tiene más conocimiento que Dios mismo, aquél que nos creó. Al orar en fe, es posible que seamos sanados de nuestras enfermedades, o cuando oramos, podemos ir a un médico que ha sido capacitado para ejercer la medicina. Debemos analizar qué se requiere para sanarnos por medio del poder del Espíritu Santo.

El camino a la sanidad divina

Podemos ser sanados de nuestras enfermedades a través de la redención de Cristo en la cruz. Debemos sentirnos seguros al saber que el poder sanador de nuestro Señor está disponible hoy a través del Espíritu Santo. A pesar de esto, ¿por qué aún hay una innumerable cantidad de cristianos que sufren de aflicción?

Todos los padres, tarde o temprano, se enfrentan a esta experiencia, la de que sus hijos se rehúsen a comer lo que se les ha preparado. Cuando tal negación lleva a la debilidad física o al retardo en el crecimiento, esto produce gran dolor en los padres. Del mismo modo, cuando el hombre se niega a aceptar a Cristo y a ser perdonado de sus pecados, a ser liberado de la maldición y a disfrutar de la bendición de la salud, Dios siente un gran dolor. No importa cuánta lluvia caiga del cielo, si se coloca una tapa en una botella no se podrá recolectar ni siquiera una gota de agua.

Cristo ha preparado bendiciones para que nosotros las disfrutemos, pero debemos primero preparar el envase en el que vamos a recibir las bendiciones. Cuando preparamos el envase y abrimos nuestro corazón a él, así como se alivia nuestro espíritu se alivia nuestra vida. ¿Cómo podemos disfrutar de estas bendiciones de Dios?

- Debemos tener esperanza en la salud perfecta
- Debemos confesar y ser perdonados de nuestros pecados
- Debemos perdonar a los demás, incluso a nuestros enemigos
- Debemos tener fe
- Debemos pedirle a Dios que nos ayude a mantenernos santos y libres de pecado

Requisito previo I: Esperanza

Solo seremos bendecidos si tenemos esperanza

La bendición de la sanidad divina está disponible para aquellos que tienen esperanza en ella. Los que no esperan con ansias la sanidad divina de Dios, no experimentarán tal bendición. Si bien Dios envió a su único Hijo para morir en la cruz y brindar un sendero de salvación para toda la humanidad, dicha salvación se torna disponible solo para aquellos que tienen la esperanza de ella.

Los cristianos tienen el derecho a la bendición del bienestar en todas las cosas. Pero solo aquellos que esperan desesperadamente la bendición, en realidad disfrutarán de ella. Cualquier persona que desee la sanidad divina de Dios primero tiene que sentir un deseo ardiente de ser sanado.

En el Evangelio de Juan, capítulo cinco, hay un registro de Cristo encontrándose con un hombre que vivía cerca del estanque de Betesda, quien había estado sufriendo por espacio de treinta y ocho años. Todos los días el hombre esperaba que el ángel descendiera y agitara las aguas, y hacía un intento desesperado por ser el primero en llegar. Pero, puesto que su enfermedad lo mantenía en un estado de debilitamiento, le resultaba imposible conseguir esto. A pesar del desaliento, continuó esperando pacientemente otra oportunidad. Luego Cristo lo vio y le preguntó: «¿Quieres ponerte bien?». Cristo le estaba preguntando: «¿Realmente deseas estar bien y tienes esperanzas de ello?»

Las personas toman muchas decisiones todos los días. Estas decisiones nos pueden conducir a la felicidad o al desastre. Por ejemplo, la decisión de un hombre enfermo y la esperanza de recuperarse ayudarán a que su tratamiento médico sea mucho más efectivo, en contraposición al hombre que decide agonizar y morir.

Si bien puede resultar una sorpresa para algunos, hay quienes están enfermos y realmente no tienen el deseo de mejorar. A algunos les falta la confianza para vivir en este mundo de dura realidad. Hay otros que han abandonado la recuperación de su lucha prolongada y ardua contra la enfermedad. Y hay otros que se han rendido cuando se les informó que la medicina moderna no podía brindarles una cura. Estas personas sin esperanza deben en primer lugar volver a ubicar sus pensamientos. Está registrado en Proverbios 18:14: «En la enfermedad, el ánimo levanta al enfermo; ¿pero quién podrá levantar al abatido?». Si un hombre no puede reemplazar sus pensamientos negativos debido al desaliento, los que lo rodean tienen la responsabilidad de ayudarlo a cambiar de parecer. Un hombre debe pensar primero: «He decidido mejorar». Luego, Dios puede ayudar y cambiarlo. Como reza el dicho,

Dios ayuda a los que se ayudan a sí mismos. Dios solo puede ayudar a los que han decidido mejorar.

El Espíritu Santo requiere de la esperanza sincera y del deseo del hombre como una base sobre la cual él obra. Después de que Cristo relató la parábola del juez injusto y la viuda, dijo: «Tengan en cuenta lo que dijo el juez injusto. ¿Acaso Dios no hará justicia a sus escogidos, que claman a él día y noche? ¿Se tardará mucho en responderles?» (Lucas 18:6-7). Cuando no estamos seguros de ser sanados, Cristo no puede respondernos. No obstante, cuando la esperanza comienza a arder dentro de nosotros, Dios nos responderá.

Con respecto a la esperanza y la respuesta de Dios, la Biblia dice:

> «Deléitate en el SEÑOR, y él te concederá los deseos de tu corazón» (Salmo 37:4).

> «Lo que el malvado teme, eso le ocurre; lo que el justo desea, eso recibe» (Proverbios 10:24).

Cuando tenemos un deseo ardiente y una esperanza de sanidad, Dios extenderá su bendición hacia nosotros y nos librará de nuestras enfermedades. Si bien hay muchos ejemplos de sanidad en la Biblia, analizaremos uno del Antiguo Testamento y otro del Nuevo Testamento.

El deseo de Naamán

Naamán, el comandante de un ejército que pertenecía al rey Aram, vivía en esplendor. Sin embargo, padecía una enfermedad terrible y nadie lo sabía. Tenía lepra y lo consumía el deseo de ser curado. Un día escuchó de boca de la sierva de su mujer que había un profeta en Samaria que curaba a los leprosos. Naamán se dirigió a Israel. En esa época, Israel y Aram eran enemigos, así que había un alto peligro de ingresar en batalla y ser capturado. No obstante, para Naamán dicho peligro no implicaba ninguna amenaza ni obstáculo ante su deseo de ser curado.

Cuando el profeta Eliseo le dijo que se bañara siete veces en el río Jordán, el enojo se apoderó de Naamán, costándole casi la oportunidad de sanarse. Sin embargo, por consejo de los sabios sirvientes, Naamán se sumergió en el río Jordán. Aparentemente, el método desafiaba el sentido común. Naamán también se sintió por debajo de su posición social al ingresar a un río debido a las palabras pronunciadas por un siervo que vino a darle el mensaje del profeta, pero su deseo de sanarse hizo surgir lo mejor de él.

Cuando Cristo estaba hablando en su ciudad natal, Nazaret, se refirió a Naamán, el comandante del ejército, diciendo: «Así mismo, había en Israel muchos enfermos de lepra en tiempos del profeta Eliseo, pero ninguno de ellos fue sanado, sino Naamán el sirio» (Lucas 4:27). Entonces, el Señor advirtió a los nazarenos que habían cerrado su corazón a Jesucristo y no tenían deseos de ser sanados.

La mujer que sufrió de hemorragia durante doce años

El relato de la sanidad de una mujer (Mateo 9:20-22) que había sufrido hemorragias por espacio de doce años es realmente conmovedor. No era simplemente un día o dos, sino doce largos años. Su cuerpo estaba muy débil, solo piel y huesos. Había acudido a muchos médicos con la esperanza de una sanidad, pero terminó derrochando todo el dinero de su familia. En esa época, sufrir hemorragias era algo que se miraba en forma negativa, como la lepra. Por lo tanto, ella sufría tanto física como mentalmente. No tenía amigos, e incluso estaba separada de su propia familia. La pequeña habitación en la que se alojaba era más una prisión que un cuarto.

La mujer no abandonó la esperanza de estar bien algún día. Tenía un ardiente deseo y esperanza de estar sana nuevamente y ocuparse de su familia. Un día oyó hablar de Jesucristo. Cuando escuchó que él podía hacer ver a los ciegos, caminar a los paralíticos y hasta resucitar a los muertos, se dio cuenta de que tenía una esperanza real. Con un anhelo ferviente de ser curada, abrió la puerta de su casa y fue en busca de Jesús.

Mientras lo buscaba, su esperanza se solidificó en fe. Si realmente Jesús poseía la capacidad de hacer todo lo que sugerían los rumores, ella comenzaba a creer que el mero hecho de tocar la túnica de Cristo sería suficiente para curarla de su enfermedad. Débil por tantos años de padecimiento, movió su cuerpo esquelético abriéndose paso entre la multitud hasta llegar a Jesús. Estiró su brazo, tocó su túnica, ¡y fue curada de su enfermedad! Incluso mientras ella estiraba su brazo para tocar a Cristo, había muchos otros que también querían tocarlo. Pero solo ella fue sanada. Esto puede atribuirse al hecho de que ella tenía fe y esperanza en que finalmente sería sanada.

Para ser sanados de nuestras enfermedades debemos primero tomar la decisión de querer estar bien y tener siempre esperanza. Entonces, nuestra esperanza se convertirá en fe, y realmente experimentaremos el milagro de la sanidad de Dios.

Requisito previo II: Arrepentimiento y perdón

Podemos ser sanados si mantenemos una relación justa con Dios

El pecado es una de las fuentes de la enfermedad. Debemos sacarnos de encima el pecado. El pecado se parece a una pared que se erige entre Dios y el hombre, evitando la comunión justa que a Dios le complace. Esa misma pared bloquea no solo la comunión sino también todas las cosas que él desea darnos (Jeremías 5:25). Debemos derribar la pared que se encuentra entre Dios y nosotros. Si no lo hacemos, él no puede responder a nuestras oraciones (Isaías 1:15).

El camino al perdón

Uno debe estar plenamente consciente de su pecado

Cualquier persona que tenga una esperanza sincera de ser sanada debe arrepentirse y ser perdonada de su pecado. Para ser perdonado, primero debe estar plenamente consciente de su falta. Sin un pensamiento serio acerca de las palabras: «Señor, me arrepiento», no pueden ser consideradas las oraciones de arrepentimiento. Uno debe meditar sobre los pecados cometidos en contra de amigos y familiares, en el trabajo, etc., y luego pedir perdón a Dios.

Debemos arrepentirnos de nuestros pecados

La palabra «arrepentimiento» es «metanoia» en griego, y significa «cambiar el pensamiento». El arrepentimiento no es simplemente lamentarse por algún error o pecado del pasado; es un estado de cambio fundamental en el pensamiento que condujo a dicho pecado o error. Cuando nos arrepentimos de los pecados que hemos cometido a través de nuestros actos y pensamientos, y cambiamos nuestros pensamientos para que estén alineados con la justicia de Dios (evitando que Satanás ingrese e influya sobre nosotros), a Dios le complacerá sanarnos de nuestras enfermedades. En realidad, es una consecuencia natural que los espíritus malignos huyan de nosotros una vez que cambiamos nuestros pensamientos y actos a través del arrepentimiento.

> «Por sobre todas las cosas cuida tu corazón, porque de él mana la vida» (Proverbios 4:23).

Como nos enseña el versículo, debemos proteger bien nuestro corazón y no darle una oportunidad a Satanás de sitiarnos.

Una vez que hemos aceptado a Cristo, es posible que nos debilitemos y nos apartemos del camino. Si descubrimos que estamos cometiendo algún pecado, debemos rápidamente arrepentirnos y pedirle una vez más a Dios que nos perdone.

Ningún hombre puede nacer y permanecer libre de pecado. El pecado está en los pensamientos, en las palabras, en los actos que son como plagas inevitables. Cometemos varios pecados, tanto consciente como inconscientemente. Por lo tanto, debemos arrepentirnos día tras día.

> «Si afirmamos que no tenemos pecado, nos engañamos a nosotros mismos y no tenemos la verdad. Si confesamos nuestros pecados, Dios, que es fiel y justo, nos los perdonará y nos limpiará de toda maldad» (1 Juan 1:8-9).

Luego del arrepentimiento, debemos tener fe en que hemos sido perdonados

Cristo promete el perdón de los pecados a través del arrepentimiento (1 Juan 1:9). Una vez que nos hemos arrepentido de nuestros pecados contra Dios y nuestro prójimo, debemos creer firmemente en nuestro corazón que hemos sido perdonados. Aunque nos hayamos arrepentido, el diablo intentará recordarnos nuestro pasado pecaminoso para arrojarnos a la desesperación. No debemos vivir por sentimientos. Debemos basar nuestra fe en la Palabra de Dios para enfrentar los engaños del diablo. Si caemos en los engaños del diablo y olvidamos o dudamos que hemos sido perdonados, una vez más podemos ser víctimas de una conciencia culpable que conlleva al temor y la desesperación. Esto puede sacudir nuestra fe, conduciéndonos a la enfermedad.

> «Vengan, pongamos las cosas en claro —dice el SEÑOR—. ¿Son sus pecados como escarlata? ¡Quedarán blancos como la nieve! ¿Son rojos como la púrpura? ¡Quedarán como la lana!» (Isaías 1:18).

Primero debemos confesarnos ante Dios y arrepentirnos de nuestros pecados, y luego tener fe de que nuestras faltas han sido perdonadas. Dios es justo; cuando nos arrepentimos, él nos perdona.

La base de la redención

La cruz de Jesucristo es la base

¿Puede un don tan grande como el perdón de pecados ser otorgado gratuitamente? No. No es posible.

Nuestro Dios es un Dios justo. Como tal, él en realidad requiere un pago por la redención. Debe haber una paga por el pecado o bien se debe experimentar el juicio de Dios. La inundación en la época de Noé y la destrucción de Sodoma y Gomorra son ejemplos fundamentales de aquellos que recibieron los juicios de Dios. Un hombre puede pagar por sus pecados o enfrentar el juicio de Dios. ¿Tenemos alguna opción? ¿O enfrentaremos el juicio de Dios?

Así de sorprendente como puede sonar, Dios mismo, conducido por su impresionante amor por la humanidad, pagó por el pecado del hombre. Nos redimió al enviarnos a su único Hijo y permitir que él muriera en la cruz. La sangre que Jesucristo derramó en la cruz redime al hombre de todo pecado en el pasado, el presente y el futuro. Cualquier persona que reconozca y acepte la sangre de Jesucristo puede ser perdonada de sus pecados.

Una vez que hemos sido perdonados de nuestros pecados, podemos escapar de un sentimiento de culpa que evita que nuestro corazón esté en paz. También podemos ser sanados de las enfermedades que surgen de nuestra conciencia culpable. Los que abandonan a Cristo son como aquellos que han pagado por algo en la tienda pero no lo reclaman. En cambio, continúan permitiendo que su conciencia culpable sea regida por el diablo que viene a ocasionar enfermedades en el cuerpo. Por ende, una vez que hemos reconocido el acto redentor de Cristo y nos hemos arrepentido de nuestros pecados, debemos confiar en el perdón de Dios hacia nosotros y vivir con coraje.

Perdón para nuestros enemigos

Cuando confiamos en Cristo, podemos perdonar a nuestros enemigos

¿Cuál es la relación entre la sanidad divina y el perdón a nuestros enemigos? Cuando observamos cuidadosamente la Biblia, podemos ver de forma clara que hay una relación estrecha entre ambos. Como mencionamos anteriormente, para que seamos sanados de nuestras enfermedades primero debemos ser perdonados por Dios. Sin embargo, si no perdonamos a los demás y albergamos un corazón endurecido hacia ellos, Dios no nos perdonará (Mateo 6:14-15). No hay excusa alguna para no perdonar a los que nos rodean, aunque sean nuestros enemigos.

A la pregunta de Pedro con respecto a cuántas veces debe perdonar una persona a su hermano que peca en contra de él, Cristo respondió que se debe perdonar al hermano setenta veces siete (Mateo 18:21-22). Cristo incluso perdonó a una mujer que fue atrapada en el acto de adulterio (Juan 8:1-11). Perdonó a los que lo persiguieron, incluso cuando él se desangraba en la cruz (Lucas 23:34).

Cristo es nuestro ejemplo; nosotros también debemos perdonar a los demás. Cuando perdonamos a aquellos que nos disgustan, el gozo surge en nuestro corazón y la sanidad divina fluye en nuestro espíritu, alma y cuerpo. Sin embargo, si no perdonamos a los demás, si nos atamos al odio por los otros, la falta de perdón obrará trayendo gran desazón y daño a nuestra mente y cuerpo.

En toda situación los cristianos deben aprender a perdonar a los demás en el nombre de Jesucristo. En primer lugar, Dios ha mandado que lo hiciéramos. En segundo lugar, al perdonar a los demás nuestro corazón se llena de paz y gozo. En tercer lugar, el perdón promueve la paz y la armonía entre nosotros y el prójimo. Y en cuarto lugar, perdonar a los demás es una condición por la cual nuestras propias transgresiones pueden ser perdonadas por Dios.

Perdonar a los demás no es algo sencillo. Sin embargo, todos los cristianos tienen una deuda de perdón (Mateo 18:21-35). Por momentos nos parecerá aparentemente imposible perdonar a otros. Sin embargo, así como Cristo ha proporcionado un ejemplo al perdonar a sus enemigos incluso cuando estaba en la cruz, así podemos nosotros perdonar a otros con la ayuda del Espíritu Santo.

Satanás desea que los cristianos sientan odio unos hacia los otros para traer disputas y discordia dentro de la iglesia. Incluso entre los cristianos hay quienes dicen: «Nunca podré llevarme bien con esa persona». Son incapaces de perdonar los errores de sus cónyuges, la falta de respeto de sus hijos y las equivocaciones del prójimo. Permiten que su odio bulla y los destruya por dentro. Solo cuando perdonan a los demás y se liberan a sí mismos de su propio odio pueden disfrutar de la paz y la armonía de Cristo.

Testimonio de Corrie ten Boom

Corrie ten Boom de los Países Bajos era una mujer mundialmente reconocida. Durante la Segunda Guerra Mundial su familia fue enviada a un campo de trabajos forzados, por el delito de albergar a refugiados judíos. En el campo, sus padres y hermanos debieron someter su vida a la tortura. Corrie ten Boom sobrevivió milagrosamente al campo de concentración y regresó a los Países Bajos. Al retornar, estudió teología y tomó la decisión de ofrecer su vida al ministerio de difundir el evangelio.

Un día escuchó que el Espíritu Santo le decía: «Hay muchos en Alemania que sufren grandemente por culpa del genocidio judío. Ve y difunde el mensaje de perdón en Alemania». Para ella esta fue una orden terrible. Alemania era el último lugar al que elegiría ir para difundir el evangelio. Sin embargo, Corrie ten Boom fue a Alemania y difundió la Palabra. Los alemanes, por cierto, sufrían por haber perseguido a los judíos y por ser vencidos en la Guerra Mundial. El mensaje de perdón era de hecho un mensaje de esperanza. Muchos de los que asistieron a sus reuniones de avivamiento hallaron sanidad emocional, mental, física y espiritual.

Luego de haber predicado en una de sus reuniones de renovación de la fe, en Alemania, bajó del púlpito y enfrentó a una multitud de personas que querían felicitarla por sus palabras. Mientras saludaba y estrechaba las manos de la gente, de repente se congeló al estrechar una mano que se extendía hacia ella. Su corazón casi dejó de latir. Vio a un hombre que la había desnudado y le había hecho sufrir innumerables torturas.

El hombre no la reconoció mientras le extendía su mano como lo habían hecho muchos otros, pero ella sintió la pesadilla del campo de concentración y no pudo darle la mano. Solo había pasado medio segundo, pero para ella fue una eternidad. Al predicar, había proclamado e instado a la gente a perdonar a los demás, así como Dios perdona. Pero estar cara a cara con alguien que la había torturado y que había asesinado a su familia era algo que no podía llegar a perdonar. Mientras su mente daba vueltas, le pidió al Señor: «Dios, ayúdame. No puedo perdonar a este hombre».

Luego escuchó la voz de Cristo a través del Espíritu Santo: «¿Sabes que he perdonado a los que me clavaron en la cruz?».

Al haber escuchado la voz de Cristo, levantó su mano, que pesaba tanto como la de un muerto, y la estrechó con el hombre. En ese mismo momento el amor de Cristo la inundó. Mientras se sentía lavada por su amor, sus ojos se llenaron de lágrimas y realmente encontró dentro de su corazón la posibilidad de perdonar a ese hombre. Con la ayuda del Espíritu Santo y del perdón, fue sanada de las heridas y del tormento que sufría inconscientemente.

Todos nosotros podemos sanar las heridas y enfermedades de nuestra mente y cuerpo al perdonar a los demás. Hay muchos en Europa que padecieron diversas enfermedades al no poder llegar a perdonar a quienes los habían hecho sufrir. ¿Encontrarán el perdón dentro de su corazón? La decisión yace exclusivamente en ellos. Las consecuencias de perdonar y de no perdonar también residen dentro de ellos. Si continúan albergando odio, solo se verán a sí mismos carcomidos por ese mismo odio. Por otra parte, si perdonan, gozarán de la paz mental que ofrece salud.

> «Todo esto proviene de Dios, quien por medio de Cristo nos reconcilió consigo mismo y nos dio el ministerio de la reconciliación: esto es, que en Cristo, Dios estaba reconciliando al mundo consigo mismo, no tomándole en cuenta sus pecados y encargándonos a nosotros el mensaje de la reconciliación» (2 Corintios 5:18-19).

Cada uno de nosotros ha cometido muchos pecados en contra de Dios, de los que hemos sido perdonados. Debemos perdonar a los demás que han cometido una cantidad comparativamente pequeña de errores en contra nuestra.

Fe y sanidad

La sanidad proviene de la fe

Con la esperanza de ser sanado, y habiendo confesado el pecado al mismo tiempo que perdonado a los demás, uno debe entonces tener fe en que Dios en realidad lo sanará de sus enfermedades. Dios es el objeto de nuestra fe y adoración, el todopoderoso Creador de este universo. No hay nada que él no pueda hacer. No hay enfermedad que él no pueda sanar. Cuando oramos con fe en que Dios nos sanará de nuestras enfermedades, es seguro que él lo hará.

Santiago escribió que la oración de fe sanará a los que están enfermos (Santiago 5:15). La oración de fe no es la que espera algún hecho coincidente, alguna lotería de suerte por la que seremos sanados de nuestra enfermedad. La oración de fe es una oración realizada por una persona que tiene una firme convicción de que Dios en realidad la sanará de esa enfermedad.

En Hebreos 11:1 está escrito: «Ahora bien, la fe es la garantía de lo que se espera, la certeza de lo que no se ve». En griego, la palabra más importante de este versículo es «hupostasis». La palabra en sí significa propiedad o titularidad. Cuando oramos por sanidad debemos considerar que seremos sanados como algo de nuestra propiedad, de nuestra posesión y nuestro derecho. Cuando oramos así, de hecho seremos sanados.

> «En realidad, sin fe es imposible agradar a Dios, ya que cualquiera que se acerca a Dios tiene que creer que él existe y que recompensa a quienes lo buscan» (Hebreos 11:6).

> «Pero que pida con fe, sin dudar, porque quien duda es como las olas del mar, agitadas y llevadas de un lado a otro por el viento. Quien es así no piense que va a recibir cosa alguna del Señor; es indeciso e inconstante en todo lo que hace» (Santiago 1:6-8).

Cuando oramos para ser sanos teniendo fe en Dios, en realidad seremos sanados.

La fe necesaria

Debemos recibir fe como está escrito en la Biblia

La fe puede categorizarse en dos grupos. Uno de ellos puede denominarse fe general. Hay una fe general a la que se subscriben los hombres mientras viven en este mundo moderno. Por ejemplo, cuando depositamos dinero en el banco, tenemos fe en que podremos retirarlo. Cuando subimos a un avión, tenemos fe en que el piloto está bien entrenado y conducirá el avión en forma segura. Cuando el sol se pone hoy, tenemos fe en que saldrá nuevamente por la mañana. Todo esto es considerado fe general.

El otro tipo de fe es aquella que podemos descubrir en la Biblia. Es la fe otorgada por el Espíritu Santo. A través de esta fe podemos experimentar milagros que desafían las leyes de la naturaleza. Si bien es fácil para los no cristianos creer que la primavera viene después del invierno, no es sencillo para ellos creer que Jesucristo es el Hijo de Dios que vino a este mundo para redimir al hombre a través de su muerte. Esto es únicamente natural, ya que el Espíritu Santo debe dar la medida de la fe. Sin esta fe, nadie puede complacer a Dios y nadie puede recibir sanidad divina.

Fe para salvación y fe para sanidad

Una y la misma

Cuando estudiamos atentamente Marcos 16:16-18, aprendemos que la fe que conduce a la salvación es la misma que la fe que nos conduce a la sanidad divina.

«El que crea y sea bautizado será salvo, pero el que no crea será condenado. Estas señales acompañarán a los que crean: en mi nombre expulsarán demonios; hablarán en nuevas lenguas; tomarán en sus manos serpientes; y cuando beban algo venenoso, no les hará daño alguno; pondrán las manos sobre los enfermos, y éstos recobrarán la salud».

La palabra «crea» del versículo 16, que está relacionada con la salvación, es «pisteusas» en griego, y la palabra «crean» del versículo 17, que está relacionada con la sanidad divina, es «pisteusasin». Hay un motivo importante para que Cristo haya utilizado la misma terminología para ambas. Las dos provienen de la palabra raíz «pisteuo». Puesto que comparten una misma raíz, allí donde hay salvación hay sanidad divina.

Si fuera cierto que la sanidad divina era un fenómeno de tiempo limitado que se manifestó únicamente durante los días de Jesús y sus discípulos, entonces debemos llegar a la conclusión de que el milagro de la salvación también fue limitado a dicho período. A la inversa, si aceptamos que el milagro de la salvación está disponible hoy, entonces debemos llegar a la conclusión de que la sanidad divina también está disponible. Podemos ver de forma evidente en Marcos 16:16 el mandamiento de Jesucristo para que difundamos el evangelio de la salvación, incluyendo la sanidad divina, hasta los confines de la tierra.

Los que creen en la purificación y el poder redentor de la sangre de Jesucristo también deben creer que su gracia se extiende a la sanidad del cuerpo físico de quienes creen. La misma fe que proporciona salvación tiene igual capacidad de otorgar sanidad divina.

Sin embargo, hay muchos cristianos que creen que únicamente los médicos pueden encontrar un tratamiento para los padecimientos físicos y que la iglesia solo puede ofrecer salvación. Necesitan abrir su corazón al significado mayor que tiene la sanidad divina en la Biblia. La Biblia nos cuenta que la fe no solo brinda salvación sino que también nos abre la puerta para experimentar grandes milagros.

> «Ciertamente les aseguro que el que cree en mí las obras que yo hago también él las hará, y aun las hará mayores, porque yo vuelvo al Padre. Cualquier cosa que ustedes pidan en mi nombre, yo la haré; así será glorificado el Padre en el Hijo» (Juan 14:12-13).

> «Les aseguro que si alguno les dice a este monte: "Quítate de ahí y tírate al mar", creyendo, sin abrigar la menor duda de que lo que dice sucederá, lo obtendrá» (Marcos 11:23).

> «¡Hija, tu fe te ha sanado! —le dijo Jesús—. Vete en paz y queda sana de tu aflicción» (Marcos 5:34).

Cualquiera que haya recibido la salvación a través de la fe también puede experimentar los grandes milagros de la sanidad divina. La salvación no es algo que pueda obtenerse a través del esfuerzo del hombre, puesto que el hombre no tiene la capacidad de crear o producir la salvación. Del mismo modo, el hombre carece de la capacidad de convertirse en una fuente de sanidad divina. No obstante, es su fe la que se torna en el conducto para la salvación y la sanidad divina.

Los cristianos tenemos la obligación de agradecer y adorar a Dios, quien nos dio la fe para ser salvos. Habiendo enviado a su único Hijo para que fuera clavado en la cruz, Dios nos ha liberado de la pesada carga de nuestros pecados. Dicha libertad y salvación eterna nos obliga a agradecer, alabar y adorar a Dios por su gracia y amor.

Es más, también debemos agradecer por la sanidad que Dios nos ofrece a través de nuestra fe. Cristo sufrió un enorme tormento físico a fin de liberarnos a nosotros de este tipo de tormento. Su muerte en la cruz no solo nos dio libertad de la muerte espiritual eterna. Su sufrimiento físico nos dio libertad de nuestro propio sufrimiento corporal.

El camino para obtener fe para la sanidad

A través de la Palabra de Dios y de la oración

La Biblia nos dice: «Así que la fe viene como resultado de oír el mensaje, y el mensaje que se oye es la palabra de Cristo» (Romanos 10:17). Sin duda alguna, la salvación también viene por el oír la palabra de Cristo, como debe hacerlo la sanidad divina. A través de la Biblia aprendemos acerca de Dios y de Cristo, quien sanó a los enfermos mientras estuvo en la tierra y que murió en la cruz. Cuanto más aprendemos sobre Dios y Cristo a través de la Biblia, más crece nuestra fe, conduciéndonos a dar testimonio y a experimentar los grandes milagros de Dios. Así como nutrimos nuestro cuerpo con la ingestión diaria de alimentos, debemos nutrir nuestra fe leyendo la Biblia todos los días. Junto con el crecimiento espiritual, también debemos recibir fe a través de la cual Dios puede sanarnos. Cristo ya ha abierto el camino a través del cual podemos ser sanados. Sin embargo, solo aquellos que tengan los ojos abiertos al camino pueden recorrerlo.

Es más, con la fe en que Dios nos sanará debemos pintar una imagen de nuestro ser saludable en nuestra mente, y confesar con la boca que ya hemos sido sanados. Cuando seguimos confesando con la boca que hemos sido sanados, las palabras mismas se convierten en la base de la sanidad divina de Dios.

La fe proviene de Dios. Si uno carece de fe en la sanidad divina de Dios, debemos pedirle a él que nos la provea. La fe no es algo que uno pueda obtener a través del entendimiento, ni tampoco es alguna esperanza ciega para el futuro. La fe es algo dado a cada persona cuando conoce al Señor. Al tener comunión con Dios y Cristo a través de la oración y la adoración, nuestra fe crece. Cuando nuestra fe crece, el Espíritu Santo la toma y nos muestra los grandes milagros de Dios.

Sanidad divina y santidad

Cuando vivimos en santidad, podemos ser sanados por Dios

El diablo hizo que nos enfermáramos. Sin embargo, como Dios desea que vivamos vidas sanas, abrió el camino para que recibamos la sanidad divina de toda enfermedad. En otras palabras, la sanidad total aleja a todos los demonios de nuestro cuerpo.

Un hombre puede asemejarse a un tazón. Ese tazón puede ser lleno por el Dios santo o por los demonios.

No puede estar lleno de ambos, ni tampoco puede permanecer vacío. El hecho de haber vaciado ese tazón y haberlo llenado con la santidad, que es Dios, no garantiza que quede libre de demonios.

> «Cuando un espíritu maligno sale de una persona, va por lugares áridos buscando un descanso. Y al no encontrarlo, dice: "Volveré a mi casa, de donde salí". Cuando llega, la encuentra barrida y arreglada. Luego va y trae otros siete espíritus más malvados que él, y entran a vivir allí. Así que el estado final de aquella persona resulta peor que el inicial» (Lucas 11:24-26).

Incluso luego de que Dios ha sanado a una persona, si esta no sigue viviendo en forma justa ante él y de acuerdo a su voluntad, Satanás fácilmente puede tentarla. Además la persona puede ser vencida por el temor de que su cuerpo nuevamente sea tomado por el diablo para volver a la condición desgraciada y enferma de antes. Este es el mismo temor que usa Satanás en contra de los que no se mantienen santos. Una vez que el diablo descubre ese miedo, viene a robar y a destruir, como lo ha hecho tantas otras veces con anterioridad.

Una vez que la persona ha eliminado de sí a esos demonios, debe estar continuamente llena del Espíritu Santo y convertir su cuerpo en el glorioso templo de Dios. Entonces Satanás no se atreverá a ingresar nuevamente en ella. Un cristiano debe oponerse a toda idea y pensamiento que no esté de acuerdo con Dios. Debe obedecer a Dios por completo. Solo entonces puede mantenerse sano a través de la bendición de Jesucristo.

¿Debemos arrepentirnos cuando contraemos un resfriado común?

La causa del resfriado debe primero ser confirmada

Los resfriados comunes por lo general provienen de un virus y atacan a la gente más susceptible durante el invierno. Actualmente se han hallado aproximadamente noventa cadenas diferentes de virus que producen el resfriado común. Estos resfriados presentan diversos síntomas: tos, dolor de cabeza, nariz congestionada, etc.

Los virus del resfriado no discriminan edad ni sexo. ¿También debemos arrepentirnos cuando nos atacan estos resfriados comunes? No. Sin embargo, la manera en que una persona se contagió un virus requiere de una inspección más cautelosa. Por ejemplo, si una persona llegara a sufrir de un resfriado mientras realiza ciertos trabajos o deberes en beneficio de los demás, o realizando un servicio voluntario para la iglesia un día frío de invierno, esa persona merece nuestras condolencias.

No obstante, hay ciertas cosas que requieren nuestro arrepentimiento, como abusar de nuestro cuerpo al beber alcohol, fumar y llevar un estilo de vida carnal que nos expone a los virus del resfriado o a otras enfermedades más graves. Así como es importante mantener puro y santo nuestro corazón, del mismo modo también es importante mantener nuestro cuerpo puro y santo.

Si no prestamos atención al mandamiento de Dios de trabajar seis días y descansar el séptimo, y trabajamos tanto que esto nos conduce a un resfriado o a otras enfermedades, entonces debemos arrepentirnos. Los mandamientos que recibimos no solo son para nuestro bienestar espiritual, sino también para nuestro bienestar físico. Cuando vivimos de acuerdo a la Palabra de Dios, podemos gozar tanto de la salud espiritual como de la física.

El contraer un resfriado u otras enfermedades debe convertirse en una oportunidad para examinarnos espiritualmente. Si la fuente de nuestra enfermedad está en la desobediencia al mandamiento de Dios, debemos arrepentirnos de inmediato. Entonces, para ser sanados del resfriado, debemos orar y, según sea apropiado, buscar atención médica. En general, la mejor medicina para un resfriado común es descansar y tomar mucho líquido.

¿Existen determinados métodos prescritos para la sanidad divina?

Cristo utilizó varios métodos de sanidad. Analicemos las diversas alternativas que él utilizó.

Oración e imposición de manos

Cristo sanó muchas enfermedades a través de la oración y de la imposición de manos. Cuando un hombre ciego fue llevado a Jesús, él lo llevó afuera de la ciudad, impuso sus manos y oró por él (Marcos 8:22-25).

Cuando Cristo volvió a su ciudad natal, la gente lo rechazó. Entonces Cristo únicamente sanó a una cantidad limitada de personas a través de la oración y de la imposición de manos (Marcos 6:1-5). Además, mediante la imposición de manos, Cristo sanó a una mujer que había sido poseída por un espíritu maligno durante dieciocho años (Lucas 13:10-13).

Los discípulos también sanaron a otras personas a través de la oración y de la imposición de manos

(Hechos 28:8). Incluso hoy los milagros de sanidad divina suceden a través de la oración y de la imposición de manos por parte de siervos de Dios. Las iglesias solo permiten que los siervos de Dios u otros líderes espirituales específicos coloquen sus manos sobre los demás para la oración de intercesión. Esto es para prevenir el mal o peligro de que oren e impongan las manos quienes no están espiritualmente preparados o sean injustos ante Dios.

Contacto

Cristo también sanaba a los enfermos colocando sus manos en las partes del cuerpo que necesitaban sanidad. Cuando un hombre que era sordo y casi no podía caminar fue llevado ante Jesús, él posó sus dedos en los oídos del hombre y este oyó. Luego tocó la lengua del hombre con saliva para sanar su sordera y la incapacidad de hablar (Marcos 7:32-35).

Cuando la suegra de Pedro estaba enferma y postrada en la cama con fiebre, Cristo tocó su mano y la fiebre cesó (Mateo 8:14-15). Un leproso también fue sanado cuando Cristo tocó su cuerpo (Mateo 8:2-3). De manera similar, una mujer que había estado sangrando durante doce años tocó el borde de la túnica de Cristo y su enfermedad fue sanada.

Al orar por la sanidad de los enfermos, las manos pueden colocarse en el área de la enfermedad mientras oramos en fe. Debido a este contacto físico, se recomienda a los hombres que oren por otros hombres y a las mujeres por otras mujeres.

Mandamientos hablados

Cristo también dio ordenes para que una persona fuera sanada. Al curar a un leproso, Cristo lo tocó y le dijo: «¡Queda limpio!» (Marcos 1:41). Al hombre que era llevado en una camilla, le dijo: «Levántate, toma tu camilla y vete a tu casa» (Mateo 9:6). Incluso a un hombre que había muerto, Cristo le dio una orden que lo revivió. Cuando la hija de Jairo, de doce años de edad, murió, el Señor le sostuvo las manos y dijo: «Talita cum (que significa: Niña, a ti te digo, ¡levántate!)» (Marcos 5:41). Al hijo de una viuda, Cristo le indicó: «Joven, ¡te ordeno que te levantes!» (Lucas 7.14).

Sus discípulos pronunciaron órdenes de sanidad en fe, de las cuales hay varios ejemplos escritos en la Biblia. En el libro de Hechos, capítulo 3, Pedro le ordenó a un paralítico que estaba sentado a las puertas de la ciudad: «No tengo plata ni oro ... pero lo que tengo te doy. En el nombre de Jesucristo de Nazaret, ¡levántate y anda!» (Hechos 3:6) y el hombre se levantó y alabó al Señor. Mientras Pablo le ordenaba a un inválido: «¡Ponte en pie y enderézate!» (Hechos 14:10), este caminó y saltó.

Por lo tanto, podemos sanar a los demás y ser sanados cuando ordenamos la sanidad en el nombre de Cristo. Él observa nuestra fe y nos sana.

Cristo también expulsó demonios con órdenes verbales. El hombre poseído por demonios que le causaban que fuera sordo y mudo fue sanado cuando Cristo ordenó: «Espíritu sordo y mudo ... te mando que salgas y que jamás vuelvas a entrar en él» (Marcos 9:25). Pablo también expulsó un demonio de una mujer poseída. Leemos en Hechos 16:18: «¡En el nombre de Jesucristo, te ordeno que salgas de ella! Y en aquel mismo momento el espíritu la dejó».

Con tales actitudes, el creyente puede depender de Cristo en fe para eliminar la posesión demoníaca de hombres y mujeres y restaurarlos con salud. Marcos 16:17 dice: «Estas señales acompañarán a los que crean: en mi nombre expulsarán demonios; hablarán en nuevas lenguas».

Utilización de herramientas: aceite, barro y saliva

Podemos encontrar ejemplos de objetos comunes utilizados en el ministerio de la sanidad. Cuando Cristo sanó a un hombre sordo, él colocó sus dedos dentro de los oídos del hombre y tocó su lengua con saliva (Marcos 7:33). También escupió en el suelo, hizo barro con la saliva, lo puso sobre los ojos del hombre ciego y le ordenó que se lavara en el estanque de Siloé (Juan 9:6,7).

Los discípulos de Jesús solían orar por los enfermos y sanarlos (Marcos 6:13). Santiago instó a los ancianos de la iglesia a que ungieran con aceite a los enfermos, y a través de la oración fueran sanos (Santiago 5:14). En el caso del apóstol Pablo, este colocaba su pañuelo o su delantal sobre los enfermos logrando así echar a los demonios, y que fueran sanos de sus enfermedades (Hechos 19:12).

¿Qué implica el uso de tales «herramientas»? Cuando alabamos a Dios utilizamos nuestra voz como herramienta. Sin embargo, hay personas que elevan los brazos al cielo mientras alaban al Señor, y están los que se balancean y bailan mientras adoran a Dios. Incluso cuando alabamos a Dios, hay más de una manera de hacerlo.

Del mismo modo, sanar a otros a través de la oración, con imposición de manos, contacto corporal, órdenes verbales, o utilizando estas herramientas, son todos métodos diferentes de sanidad. El empleo de dichos materiales simboliza determinadas relaciones y realidades. El uso de aceite es símbolo del Espíritu Santo que viene a sanar a los enfermos. El barro es símbolo del mismo material que Dios empleó para crear al primer hombre y a la primera mujer.

Los discípulos de Cristo también usaron los métodos antes mencionados. Sin embargo, ellos hicieron estas cosas en el nombre de Jesucristo. Como Cristo es el Hijo de Dios, la fe en él y en su redención se convierte en la base sobre la cual la gente puede ser sanada.

Para sanar a otros es necesario un requisito previo de oración. Jesús mismo oró en privado, si bien en público sanó a los demás y les enseñó. Temprano por la mañana, Cristo iba a un lugar solitario y oraba (Marcos 1:35). Cuando los discípulos le preguntaron al Señor por qué no podían expulsar al demonio en un niño, el cual era sordo y mudo, él respondió que solo la oración podía lograr tal cosa (Marcos 9:29). Por lo tanto, debemos prepararnos a través de la oración.

Quinto caso

Durante una cruzada en Dinamarca, luego de compartir un mensaje titulado: «Cristo es el que sana», oré por la sanidad de quienes estaban enfermos. Mientras lo hacía tuve una visión de Cristo sanando a una mujer que tenía un problema del riñón. Proclamé: «Cristo ha sanado a una mujer que se moría de una enfermedad renal».

En los testimonios que siguieron a la oración, muchos testificaron su sanidad. Entre ellos estaba una mujer llamada Ellen, de aproximadamente cincuenta años de edad. Ella manifestó que había estado padeciendo de una enfermedad renal por espacio de quince años. Uno de sus riñones había dejado de funcionar por completo, el otro era casi inservible, y no le quedaba mucho tiempo de vida. Como resultado de ello, el color de su cabello había cambiado y su rostro se había hinchado al igual que el resto de su cuerpo. No obstante, esta mujer tenía una fe similar a la de Dorcas en

Hechos capítulo nueve. Había donado gran parte de su fortuna y propiedades a la obra de Dios, y así como Dios recordó a Dorcas y la curó, Ellen experimentó también un gran milagro. Mientras proclamaba la sanidad de alguien que sufría de una enfermedad renal, ella sintió el aceite hirviendo del Espíritu Santo que recorría su cuerpo y supo, sin duda alguna, que había sido sanada.

Dos días más tarde, su color natural de cabello había regresado, y su rostro y cuerpo volvieron a su condición normal. El pastor de su iglesia me dijo: «¡Vaya milagro increíble! Se pensaba que no tenía salida. Pero en un lapso tan corto, recobró su salud y el color natural de su pelo volvió a ser el mismo de antes. ¡Dios está verdaderamente vivo hoy! Estoy seguro de que Dios la recordó por su gran labor y las contribuciones que ha hecho a su obra. Ahora se está preparando para ir a África como misionera».

Jesús es inmutable. Él es hoy el mismo que fue ayer. Cuando uno ora y concentra sus ojos en el Cristo que sana, el Manantial de la Vida lo bañará con su poder sanador.

Sexto caso

Este es el caso de una mujer de nuestra iglesia antes de que aceptara a Cristo como su Salvador.

Poco después de que naciera su hijo, mientras un día se estaba levantando, sintió una puntada de dolor en un costado de su cuerpo. Debió mantenerse quieta durante un rato antes de incorporarse. Pensó: «Tal vez esto se debe a no haberme cuidado lo suficiente luego de que naciera mi hijo», y no le dio importancia al dolor. Pero con el correr de los días el dolor se acentuó. Al cabo de seis meses, el dolor constante la obligaba a doblarse hacia adelante y mantener su espina dorsal en la forma de una L invertida.

Ingresó al hospital y le colocaron un cinturón de 26 kilos de peso para que lo usara alrededor de la cintura. El cinturón y el peso estaban diseñados para enderezar su espalda y volverla a una postura normal. Mientras yacía en la cama, un líder de célula de la iglesia Yoido Full Gospel fue a verla y a darle un testimonio.

«Señora, mi suegra tenía ochenta años cuando la operaron debido a la ruptura del apéndice. Pero puesto que se recuperó tan bien, incluso más rápido que muchos pacientes más jóvenes, los médicos estaban impresionados. ¿Sabe por qué? Ella es una muy buena cristiana. Todas las cosas son posibles en Cristo. Acepte a Cristo en su corazón y será sanada», le dijo.

Con la madre y esposa internada y desvalida en el hospital, su hogar era un caos total. Los parientes criaban al recién nacido. El líder de célula iba al hospital casi a diario para orar con los ojos llenos de lágrimas junto a la mujer. En el quinceavo día de visita, el líder de célula le dio a la mujer una Biblia, un himnario y un libro titulado «El poder de la oración y el ayuno» y la instó a ir a la Montaña de Oración en Choi Ja Shil. Cuando le dieron de alta en el hospital, la mujer y su esposo acudieron a este lugar. Al cuarto día de oración y ayuno, su espalda se enderezó de forma milagrosa. Ya no tenía dolor y podía caminar normalmente. Se sentía muy aliviada y agradecida a Dios por sanarla. Pero dejó de orar y de ayunar. Entonces, de repente, su espalda comenzó a dolerle, y de nuevo no podía caminar. Su marido le comentó: «El líder de la célula nos dijo que ayunáramos y oráramos por espacio de una semana. No debíamos haber dejado de hacerlo».

La mujer decidió ayunar y orar durante una semana

completa. Esta vez no se detuvo a mitad de semana, sino que persistió en su dedicación. Sus ojos fueron abiertos a su pecado y ella se arrepintió. Descubrió que sus oídos estaban abiertos y ahora podía escuchar y comprender los sermones. El júbilo llenaba su cuerpo. Cuando terminó su semana de oración y ayuno, encontró una fe en su corazón que le trajo un gozo que no había conocido nunca, y con ese gozo descubrió que se le había ido todo dolor de espalda. Tan pronto como descendió de la Montaña de Oración, llamó al líder de célula que le había presentado a Jesucristo. Su sanidad milagrosa también sirvió para atraer a toda su familia a Cristo. Ahora veo una alegría sin igual en sus familiares cuando asisten fielmente a la iglesia.

Su oración y ayuno abrió las compuertas del cielo; fue sanada a través de Jesucristo. Todo el que tenga fe puede experimentar un milagro como ese hoy.

Repaso

1. *¿Qué debemos hacer para recibir la sanidad de Dios?*

2. *¿Por qué debemos primero arrepentirnos de nuestros pecados antes de poder ser sanados?*

3. *¿Cómo podemos obtener la fe necesaria para la sanidad divina?*

4. *¿De qué manera sanó Cristo a las personas, y qué importancia tienen esas sanidades?*

Lea los siguientes versículos y medite sobre ellos:

- *Salmo 37:4*
- *Isaías 1:18*
- *Hechos 3:6*
- *1 Juan 1:8-9*

CAPÍTULO 4

Opiniones equivocadas con respecto a la sanidad divina

CAPÍTULO 4

Opiniones equivocadas con respecto a la sanidad divina

Querido hermano, oro para que te vaya bien en todos tus asuntos y goces de buena salud, así como prosperas espiritualmente.
—3 JUAN 2

Con frecuencia nos encontramos con los que tienen opiniones tergiversadas acerca de la sanidad divina, opiniones que no están respaldadas por la Biblia. Su negación y falta de creencia provienen de la inmadurez espiritual o de enseñanzas equívocas sobre la sanidad divina. Debemos ayudar a nuestros semejantes a obtener una comprensión bíblica con respecto a la sanidad divina para que puedan beneficiarse con lo que ha preparado Cristo.

¿Es cierto que la sanidad divina finalizó con los apóstoles?

La sanidad divina continúa hasta el día de hoy. Sin embargo, hay muchas personas (incluyendo pastores y teólogos) que insisten en que los milagros de la sanidad divina ya no se manifiestan en esta tierra. Incluso podemos encontrar pastores y teólogos que subscriben a este punto de vista. Creen que puesto que la Biblia es algo completo en sí mismo, Dios ya no se revela al hombre a través de milagros.

La Biblia nos dice que «Jesucristo es el mismo ayer y hoy y por los siglos» (Hebreos 13:8). El mismo Cristo que sanó a los enfermos hace dos mil años continúa el ministerio de la sanidad a través del Espíritu Santo hoy. A lo largo de la historia de la iglesia, el Espíritu Santo ha llevado a cabo el ministerio de la sanidad divina. Incluso en la actualidad, él lo sigue haciendo.

¿Por qué este ministerio, registrado a lo largo de la historia, se discontinuaría durante los tiempos modernos? Así como estaban aquellos que sufrieron durante la época del Antiguo y del Nuevo Testamentos, todavía hay muchos que sufren y no pueden ser curados ni siquiera por la medicina moderna. La sanidad divina es aún necesaria hoy. Dios sigue sanando hoy.

Algunos piensan que la sanidad proviene del diablo. Es una lástima que algunos pastores no permitan que sus miembros experimenten la sanidad divina que proviene de Dios. Dichos pastores les enseñan a sus congregaciones que la enfermedad hace que una persona sea santa y que debe tolerar su sufrimiento si es que la medicina moderna no puede ayudarle. La opinión errada le cierra la puerta a la sanidad divina. Está escrito: «Desean algo y no lo consiguen. Matan y sienten envidia, y no pueden obtener lo que quieren. Riñen y se hacen la guerra. No tienen, porque no piden» (Santiago 4:2). Aun en la actualidad, Dios desea sanarnos. Si buscamos a Cristo y le pedimos que nos cure, en realidad seremos sanados.

Si algunos insisten en el hecho de que la sanidad divina concluyó luego de la época de los apóstoles, entonces por cierto la misma ha finalizado para ellos. Nunca buscarán ni pedirán la sanidad. No obstante, si la sanidad divina hubiera en realidad terminado con los apóstoles, esto implicaría que la bendición de la salvación también terminó luego de esta época. Sabemos que esto no es así. Tal como los que aceptan a Cristo hoy reciben la salvación eterna, también están aquellos que reciben la sanidad divina actualmente.

Durante su ministerio público, Jesús sanó a los enfermos. Su piedad por los pobres y los enfermos ha permanecido inmutable. El amor y la voluntad de Cristo han permanecido inconmovibles. Él sanará a quien sea que se acerque hoy en fe.

¿Es cierto que para que Dios me sane no debo ir al médico?

Es correcto ser tratado por un médico y por la medicina moderna. Sin embargo, hay quienes insisten en el hecho de que para ser sanados por Dios, la persona debe abandonar la medicina moderna y confiar solo en Dios.

En Illinois, Estados Unidos, aproximadamente a principios del siglo XX, había un grupo de personas conducidas por un pastor que insistía en que los cristianos debían abandonar la medicina moderna y los médicos. El pastor entendía que la sanidad divina y la medicina moderna eran opuestas entre sí.

Jesús dijo: «No son los sanos los que necesitan médico sino los enfermos» (Mateo 9:12). Este versículo reconoce en forma indirecta la existencia y la función de los médicos. Cristo no se opuso ni condenó el trabajo de los médicos destinado a ayudar a los enfermos.

Lucas, amigo del apóstol Pablo así como también su socio, era un médico que trataba a muchas personas con su idoneidad (Colosenses 4:14). Pablo también le dijo a Timoteo que tomara un poco de vino en lugar de solo beber agua debido a su estómago y sus frecuentes enfermedades (1 Timoteo 5:23). Pablo le prescribió vino a Timoteo como medicina para su enfermedad.

Dios puede sanar, y en realidad lo hace, a través de los médicos y de la medicina. Cuando estamos enfermos, no está mal que dependamos de la medicina moderna. Sin embargo, es tonto depender solo de la medicina actual. Dios es la fuente de toda sanidad. Él puede sanarnos directamente a través de la sanidad divina o bien puede hacerlo a través de los médicos y de la medicina moderna. Cualquiera sea la forma que tenga efecto sobre su sanidad, uno debe agradecer y glorificar a Dios.

¿Es cierto que solo aquellos que cuentan con los dones de sanidad pueden orar por la sanidad de otras personas?

Los dones de sanidad están entre los nueve dones mencionados en 1 Corintios capítulo 12. Cabe advertir que mientras otros dones están en singular, el que se refiere a la sanidad está registrado en plural. Puesto que hay diversos tipos de enfermedades y diversos dones pertenecientes a estas enfermedades, resulta lógico que algunos tendrán más poder para determinados padecimientos.

Todos los cristianos pueden orar por la sanidad de una persona enferma. No son solo los que tienen los dones de sanar los que pueden orar por los enfermos; también pueden hacerlo los que tienen fe. En Marcos 16:17-18, leemos que cuando se imponen las manos a los enfermos y se eleva una oración a Dios, llega la sanidad a quienes creen. Todos los cristianos pueden colocar sus manos sobre los enfermos y pedirle a Dios que sane a esa persona. No obstante, los que tienen el don de sanidad poseen un mayor poder para sanar a las personas.

¿Es cierto que con el avance actual de la ciencia la medicina moderna es mejor que la sanidad divina?

La sanidad proviene de Dios, no de la medicina moderna. La ciencia y la medicina modernas han tenido un gran avance y las personas actualmente buscan, como es lógico, la ayuda de los médicos cuando no se sienten bien. Algunos creen que pedirle a Dios que los sane es un tipo de chamanismo que no debe ser practicado, e insisten en que los médicos y los hospitales sean la fuente de tratamiento. Dichos creyentes colocan gran autoridad en las decisiones de los médicos y los hospitales.

Si bien la medicina moderna está muy avanzada y muchas personas reciben sus beneficios, no presenta un tratamiento perfecto para todas las enfermedades. Hay males para los que la medicina moderna no ofrece ninguna ayuda. Hay otras enfermedades para las cuales el costo del tratamiento es increíblemente alto. También existe el riesgo de un diagnóstico equivocado por parte de los médicos.

Uno no debería depender únicamente de la medicina moderna. El tratamiento perfecto proviene solo de Dios. Es necesario que aquellos que están enfermos encuentren la causa de su afección. Si la causa es de naturaleza espiritual, primero deben arrepentirse. Luego pedirle a Dios que los sane. Después buscar atención médica. Todos tenemos una medida de fe diferente. Por esa razón, debemos tener una relación justa con Dios y ser sanados de acuerdo con la medida de nuestra fe.

¿Es cierto que los chamanes pueden curar?

Los chamanes no pueden sanar a la gente de sus enfermedades. Los denominados chamanes son aquellos que sirven a los demonios y practican el exorcismo. La práctica del chamanismo empezó con los aborígenes del norte de Siberia.

Los chamanes sostienen que son intermediarios entre el mundo espiritual y el mundo físico, y que tienen la capacidad de transmitir deseos y aspiraciones a los del mundo espiritual. Muchas personas acuden a los chamanes con grandes esperanzas y los contratan para que transmitan sus pretensiones al mundo espiritual, con frecuencia pagando enormes cantidades de dinero en concepto de honorarios.

Los chamanes también sostienen que pueden quitar espíritus malignos que ocasionan enfermedades en las personas. A través de ritos exorcistas, afirman poder expulsar a los demonios.

Sin embargo, cuando reflexionamos acerca de la Biblia, podemos estar seguros de que los chamanes no pueden curar a los enfermos. La Biblia nos dice que los demonios no atraen a otros demonios: «Todo reino dividido contra sí mismo quedará asolado, y toda ciudad o familia dividida contra sí misma no se mantendrá en pie. Si Satanás expulsa a Satanás, está dividido contra sí mismo. ¿Cómo puede, entonces, mantenerse en pie su reino?» (Mateo 12:25-26). Satanás no es tan tonto como para dividirse y oponerse a sí mismo.

Hay muchas personas que sostienen haber sido sanadas a través de tales exorcismos. El diablo las está engañando. En lugar de sanarse por completo, su sanidad es imaginaria, un alivio temporal del dolor. Satanás intenta convencer a los demás de que los chamanes tienen el poder de sanar, con el propósito de engañar a más gente para que crean que el diablo es bueno y los puede curar de sus enfermedades. Es una lástima, porque el diablo por naturaleza no puede hacer nada beneficioso para el hombre, ni tampoco tiene ningún deseo de ver a la gente vivir en sanidad.

Cristo dijo acerca del diablo: «Ustedes son de su padre, el diablo, cuyos deseos quieren cumplir. Desde el principio éste ha sido un asesino, y no se mantiene en la verdad, porque no hay verdad en él. Cuando miente, expresa su propia naturaleza, porque es un mentiroso. ¡Es el padre de la mentira!» (Juan 8:44). La Biblia nos dice que Dios considera detestables a los chamanes.

> «Nadie entre los tuyos deberá sacrificar a su hijo o hija en el fuego; ni practicar adivinación, brujería o hechicería; ni hacer conjuros, servir de médium espiritista o consultar a los muertos. Cualquiera que practique estas costumbres se hará abominable al SEÑOR, y por causa de ellas el SEÑOR tu Dios expulsará de tu presencia a esas naciones» (Deuteronomio 18:10-12).

La verdadera sanidad solo puede provenir de Dios. Una persona enferma no debe ir en busca de un chamán o de un adivino. El diablo y sus demonios engañan, matan y roban al hombre con la esperanza de destruirlo. Pero cuando acudimos a Dios y nos arrepentimos y oramos en el nombre de Jesucristo, él oye nuestras oraciones y puede hacernos saludables.

¿Es cierto que es más importante difundir el evangelio que enfatizar la sanidad divina?

A través de la fe recibimos la salvación eterna. También podemos recibir la sanidad divina. La sanidad divina es parte del evangelio. Nuestra muerte espiritual, así como también la enfermedad física, es el resultado de la caída del hombre. Jesucristo vino y quitó esta condena y nos dio bendiciones; él nos dio una nueva vida espiritual y también salud.

En su ministerio en la tierra, Cristo sanó y salvó a muchos. Él envió a los discípulos a difundir el mensaje de que el reino de los Cielos estaba cerca. También les mandó que sanaran a los enfermos, resucitaran a los muertos, limpiaran a los leprosos y echaran fuera los demonios (Mateo 10:7-8). En otras palabras, difundir el evangelio incluye la sanidad divina. Los discípulos recorrieron el mundo difundiendo el evangelio y sanando a los enfermos. La difusión del evangelio y la sanidad divina están relacionadas. Los milagros y la sanidad por parte del Espíritu Santo pueden facilitar la difusión del evangelio. Pablo dijo: «No me atreveré a hablar de nada sino de lo que Cristo ha hecho por medio de mí para que los gentiles lleguen a obedecer a

Dios. Lo ha hecho con palabras y obras» (Romanos 15:18). Nuestro enemigo, el diablo, no desea la sanidad divina realizada a través de la iglesia. No quiere que la gente glorifique a Dios, quien los sanó.

Debemos defender firmemente la sanidad divina para que los hijos de Dios puedan fortalecerse y adorarlo aun más. Cuando los cristianos comprendan correctamente la Biblia podrán ser bendecidos incluso más con salud y abundancia.

Séptimo caso

Había una mujer que sufría mucho por una úlcera en el duodeno. Un día escuchó una transmisión radial de la iglesia Yoido Full Gospel. Luego de oír el mensaje vino a nuestra iglesia, se arrepintió de sus pecados y aceptó a Cristo como su Salvador. Más tarde, su esposo, que había estado trabajando en el exterior, regresó a Corea con cirrosis en el hígado, y la vida de ella comenzó a cambiar. Nos dijo: «No sé de dónde provienen mis fuerzas, pero cuando vi a mi marido allí tirado en la cama, encontré la fortaleza y el valor para orar por nuestra sanidad todas las semanas en nuestras reuniones de vigilia de oración». Y agregó: «A través de la oración, mi fe ha crecido».

Como resultado de su oración sincera, su úlcera en el duodeno sanó milagrosamente. Entonces un día tuvo un sueño acerca de un hombre que le decía que fuera a la Montaña de Oración. A la mañana siguiente subió allí para orar por su esposo y su familia. Mientras estaba orando, Dios le dio una visión. En la visión, ella vio a Cristo con sus manos sobre su esposo diciendo: «No morirás. En mayo te levantarás y en junio estarás activo».

Su visión le dio confianza mientras regresaba a su hogar. Sin embargo, su marido seguía yaciendo en la cama. Pero así como lo había visto en la visión, él pudo levantarse en mayo y en junio estuvo activo.

Cuando enfrentamos una gran tribulación, debemos tomarla como una oportunidad para que crezca nuestra fe. Cuando buscamos a Dios en los momentos difíciles, él incrementa nuestra fe. Dios dice en el Salmo 50:15: «Invócame en el día de la angustia; yo te libraré y tú me honrarás».

Octavo caso

Recientemente escuché el testimonio de un hombre que era miembro de la Iglesia Yoido Full Gospel. Se había casado con su esposa luego de cinco años de cortejarla. Puesto que su esposa era cristiana antes del matrimonio, siguió frecuentando periódicamente la iglesia. Sin embargo, él no quería que ella siguiera asistiendo. Sus peleas con respecto a la asistencia a la iglesia eran incesantes. Después de cinco años, ella se había convertido en una mujer quebrada que había perdido todo gozo y significado en la vida.

A medida que empeoraba su estado, él comenzó a preocuparse por su esposa y le permitió nuevamente asistir a la Iglesia Yoido Full Gospel. Así como el césped seco vuelve a la vida luego de regarlo, la vida comenzó a palpitar nuevamente en su esposa, restableciéndola de su mal. Como resultado de ello, él también comenzó a asistir a la Iglesia Yoido Full Gospel y en breve se arrepintió, aceptando a Jesucristo como su Salvador. Actualmente ha pasado por toda la capacitación necesaria y se ha convertido en un líder de célula.

No hace mucho, recibió un mensaje de que su hermano, quien era médico, había tenido que abandonar su trabajo debido a un cáncer de hígado. El hospital le informó que el cáncer estaba en su etapa final y se había diseminado al noventa por ciento de su cuerpo. Solo viviría unos pocos días. El hombre rápidamente visitó a su hermano acompañado de un pastor que estaba a cargo de esa área. Él instó a su hermano a aceptar a Jesús. Si bien su hermano estaba muy lejos de Cristo y de la iglesia, ahora estaba frente a las puertas de la muerte. Su corazón se había ablandado y decidió aceptar a Jesús. Luego de la oración, lo animaron a ir a la Montaña de Oración para orar.

El médico fue a la Montaña de Oración y comenzó a orar: «Oh, Dios, ayúdame». Mientras oraba con todo su corazón, experimentó un movimiento de intestino, una función que casi había dejado de presentarse, y la hinchazón de su cuerpo comenzó a menguar. Con su apariencia física cambiada y sus funciones casi normalizadas, bajó de la montaña y comenzó a asistir a la iglesia con fe. ¡Luego fue al hospital para un chequeo y escuchó las impactantes noticias de que no había rastros de cáncer en su cuerpo! Hoy está completamente curado y practica la medicina en forma privada en el centro de la ciudad.

El motivo por el cual me conmovió tanto este testimonio es que muchos suelen intentar todos los métodos posibles que están a disposición del hombre para sanar sus enfermedades y olvidan el poder de la oración. He visto a muchas personas que no se detenían ante nada con respecto a un tratamiento que las sanara, pero que se negaban a orar. Me gustaría decirles a esas personas: «Antes de quedarse sin fuerzas para siquiera pronunciar el nombre de Dios, deberían comenzar a orar. Vayan a la Montaña de Oración, ayunen y oren».

Muchas personas esperan sanarse y hacen todo lo que está a su alcance para recibir un buen tratamiento. He visto morir a muchas de ellas. Dios ayuda a los que primero buscan su ayuda. «El pastor seguramente orará por mí. Estoy seguro de que mi líder de célula orará por mí». Dichos pensamientos evitan que uno experimente la sanidad divina. La oración intercesora es importante, pero orar por el propio deseo de uno de curarse también es primordial. Cuando una persona acude a Dios en arrepentimiento y oración, las oraciones de los demás actúan como un acompañamiento para fortalecer y respaldar el ruego del que busca la sanidad. Esto conduce a la sanidad divina.

Repaso

1. *¿Qué prueba tenemos de que la sanidad divina continúa hoy en día?*

____

____

____

____

____

____

2. *¿Qué comprensión y actitud debe tener un cristiano hacia los médicos y la medicina moderna?*

____

____

____

____

____

____

3. *¿Cuál es la razón por la que los chamanes no pueden sanar a los enfermos?*

____

____

____

____

____

____

4. *¿Cuál es el fundamento bíblico para que un cristiano que no posee los dones de sanidad pueda imponer sus manos sobre otra persona para orar por sanidad?*

____

____

____

____

____

5. *Lea los siguientes versículos y memorícelos:*

- *Deuteronomio 18:10-12*
- *Mateo 9:12*
- *Romanos 15:18*

CAPÍTULO 5

Cómo mantener la salud

- Aprenda las leyes bíblicas para vivir
- Encuentre un lugar de descanso tanto para la mente como para el cuerpo
- Ore
- Busque el consejo de un cristiano devoto
- Cambie el entorno
- Piense positivamente
- Entregue sus problemas a Cristo
- Descanse periódicamente
- Venza el estrés y la depresión a través del Espíritu Santo

Aprenda las leyes bíblicas para vivir

Cuando una persona pierde su rumbo, tiene tendencia a estar ansiosa. Pero al no conocer el significado de la vida, de dónde vino, hacia dónde se dirige, ni por qué vive, tal ignorancia puede conducirla fácilmente a un ciclo de depresión. Están quienes se mienten a sí mismos al creer que pueden engañar a la vida y vivir eternamente en gloria y riqueza.

Conocer la verdad de la Palabra de Dios y aprender las cosas importantes de este mundo nos permitirá siempre tener gozo y paz dentro de nuestro corazón sin importar en qué entorno vivimos.

Hemos sido creados a imagen de Dios. Si bien el hombre sucumbió al engaño del diablo y fue maldecido, a través de la fe en Jesucristo el hombre ha sido hecho justo y se ha convertido en un hijo de Dios. Mientras vivamos en este mundo debemos difundir el nombre de Jesucristo, vivir en su justicia y esperar el día en que lo veremos cara a cara. Nuestra vida provino de Dios, y debemos regresar a él. Vivimos para su gloria, somos su pueblo. Recibimos la vida eterna a través de su gracia y tenemos comunión con él. El Señor nos protege y nos guía. En realidad, somos criaturas benditas de Dios.

A diferencia de las personas mundanas, los cristianos no comparten la misma definición de éxito que los incrédulos, ni tampoco se deprimen con tanta facilidad por su fracaso al no volverse exitosos. Los cristianos encuentran el mayor gozo y valor al servir a Dios y vivir para su nombre. Este es el gran secreto de cómo los cristianos pueden encontrar gozo en toda situación. A aquellos que tienen gozo y paz interior, el estrés no puede afectarlos.

Encuentre un lugar de descanso tanto para la mente como para el cuerpo

El estrés por lo general afecta a los que están en alguna dificultad y sienten confusión. Cuando no se alivia una situación, la sobrecarga de estrés puede fácilmente conducir a una depresión crónica.

Cuando nuestra iglesia se mudó al campo arenoso de la isla Yoido y comenzamos a construir un nuevo edificio para la iglesia, esta atravesaba una crisis financiera. No solo carecíamos de los fondos suficientes para terminar la construcción, sino que carecíamos de los fondos para siquiera poner comida en nuestra boca. Mientras me encontraba en una cruzada fuera de la ciudad, recibí una llamada diciendo que la pastora Ja-shil Choi, mi suegra, se había desmayado en la casa de una persona a la que visitaba. Cuando recibí la noticia me preocupé por su salud, así como por los honorarios del hospital.

La pastora Ja-shil Choi volvió a recuperar la conciencia en el hospital y se dio cuenta de la terrible situación financiera en la que nos encontrábamos. De modo que se ocultó en una montaña apartada de oración. Descansó una semana en esa montaña y a través de la oración pudo salir de su depresión y recuperar por completo su salud.

Luego, cuando necesitó irse y orar recluida, se encaminó a la Montaña de Oración de Osanri. Otros que también tenían hipertensión o depresión crónica comenzaron a acompañarla a Osanri. Al descansar en ese lugar apartado y tener comunión con Dios, pudieron recuperar su salud y liberarse de la depresión y el estrés.

De un comienzo tan humilde, la Montaña de Oración Osanri ha crecido a escala internacional con muchas personas que la visitan de todas partes del mundo para descansar y tener comunión con Dios. Si cualquier persona se encuentra atrapada en el estrés y la depresión, debe encontrar un lugar en donde pueda descansar su mente y espíritu y tener comunión personal con Dios.

Ore

Está escrito en Jeremías 33:3: «Clama a mí y te responderé, y te daré a conocer cosas grandes y ocultas que tú no sabes». En realidad, cuando una persona sufre de depresión crónica es casi imposible para ella pedir cualquier cosa, incluso a Dios. Sin embargo, es obligatorio que se arme de toda su fuerza emocional y clame a Dios. Poco tiempo antes de que Cristo fuera clavado en la cruz, él dijo: «Es tal la angustia que me invade, que me siento morir ... Quédense aquí y manténganse despiertos conmigo» (Mateo 26:38). Esa noche Cristo oró y clamó a Dios hasta derramar gotas de sudor y de sangre.

Hebreos 5:7 dice que Cristo se lamentó con lágrimas. Cuando su mente era atormentada, oró con lágrimas. Si estamos padeciendo de estrés o soportando un tormento mental, nosotros también debemos orar con lágrimas. Cuando clamamos con toda nuestra fuerza podemos quitarnos de encima la depresión y encontrar fuerzas.

Busque el consejo de un cristiano devoto

Cuando se sufre de una depresión crónica es aconsejable buscar a otra persona que lo pueda guiar y dirigir en el rumbo correcto. Es de suma importancia buscar a la persona adecuada. Elegir a la persona errónea puede empeorar la situación.

Un matrimonio que esté atravesando una crisis no buscaría ayuda en una persona no casada que no puede comprender plenamente la dinámica que existe entre esposo y esposa. Tal persona puede hasta conducirlos a un divorcio, puesto que no comprenderá del todo la magnitud de la situación.

Un consejero que ha estado casado durante mucho tiempo, en cambio, tiene una riqueza de experiencia que muy posiblemente será aplicable y pertinente para la solución que busca la pareja. La guía de tal consejero sería invalorable para traer armonía entre el marido y la mujer que están dispuestos a contemplar la idea de disolver el matrimonio.

Para cualquiera que sufra de depresión o de problemas que son fuente de un estrés intolerable, es recomendable buscar un consejo que pueda transformar la negatividad en pensamientos positivos, y de esa manera podrá encontrar paz emocional y mental.

Cambie el entorno

He leído en alguna parte que hay determinados

métodos que la gente usa para intentar aliviar su estrés: beber (19%), soportar con los dientes apretados (15%), hablar con amigos (13%), dormir (6%) y hacer ejercicios físicos (6%). Los dos métodos más populares, beber y soportar, son las dos peores formas de tratar el estrés.

La mejor forma de aliviar el estrés es cambiar el entorno. El ambiente, la atmósfera de la depresión, debe eliminarse. Hacer un viaje con un amigo es una buena idea. Dios también envió a Elías a hacer un viaje durante cuarenta días. Realizar un viaje introduce cosas nuevas y cambios que pueden refrescar nuestra mente y nuestro cuerpo. Hacer una caminata por la montaña y respirar aire fresco puede hacer maravillas para la mente.

De acuerdo a la oficina de censos, en 1995, el 49% de los hombres por sobre los cuarenta años no hacían ejercicios, y el 68% de las niñas y mujeres mayores de dieciséis años tampoco. No debe sorprendernos que muchos sufran de estrés. El ejercicio es una manera efectiva de aliviar el estrés.

Piense positivamente

El hombre tiene una tendencia natural a pensar negativamente: «No puedo, es imposible, no me gusta, me destruirá...». Luego de la caída del hombre, su tendencia natural se tornó negativa. Vivir en este mundo con tal negatividad solo conducirá al hombre a una vida de fracaso. En Proverbios 4:23 está escrito: «Por sobre todas las cosas cuida tu corazón, porque de él mana la vida». Para convertirnos en personas positivas debemos salvaguardar nuestro corazón contra la negatividad natural. Debemos intentar ser constructivos en lugar de ser destructivos, amar en lugar de odiar.

En la historia estadounidense, el presidente Wilson intentó promulgar una ley para formar una confederación internacional. Sin embargo, al no poder convencer al Congreso, la depresión del presidente Wilson lo condujo a su lecho de muerte. En su intento por lograr solaz, el presidente llamó a un famoso filósofo, Napoleón Hill, a su lecho de muerte. El filósofo miró al presidente Wilson y le dijo: «No se atribule. Si la ley para establecer una confederación internacional se promulga o no, esto no tendrá consecuencias sobre usted ni nadie dentro de diez años. Cierre sus ojos en paz».

Es triste pero cierto. Cuando observamos nuestra vida y de qué manera la afecta el tiempo, vemos que las cosas que complican nuestra vida no tienen consecuencia alguna en la grandeza de la eternidad. Dentro de treinta años, las cosas por las cuales lloramos ahora ya no tendrán ningún significado. Solo los que vivieron durante la guerra de Corea conocen las tremendas dificultades que nos impuso. No obstante esto, ¿qué sucedió con todo ese sufrimiento? No es más que un recuerdo. Ya no existe. Salvo por lo que queda en los archivos, ha desaparecido todo rastro de los problemas. Ninguno de nuestros hijos puede experimentar ni comprender plenamente dichas dificultades. Debemos pensar positivamente. Como cristianos, es importante que pensemos positivamente y tengamos esperanza. Dios usa a las personas así para hacer su obra.

Puesto que Dios está siempre con nosotros, incluso cuando atravesamos oscuros y profundos valles, nos liberará de ellos. Debemos creer esto, pensarlo y confesarlo con nuestra boca. Al hacerlo, podemos empequeñecer nuestra depresión y vivir una vida brillante.

Entregue sus problemas a Cristo

El estrés también ataca cuando el juicio de la gente no es plenamente operativo. Nadie puede vivir una vida libre de problemas. Los problemas personales, familiares y relativos al trabajo siempre nos rodean para preocuparnos cuando menos lo esperamos. Muchos se preocupan pasando noches de insomnio debido a problemas, y algunos sienten frustración y una presión que parece ser explosiva.

Al enfrentar los problemas de la vida, muchos intentan hacerse cargo de estos del mismo modo que un luchador se prepara para una ronda de lucha. Sin embargo, hay problemas con los cuales es imposible luchar. En esos momentos muchos desesperan y se rinden ante la desesperación, destruyendo las cosas que los rodean. Cuando la autodestrucción avanza, encuentran que su cuerpo físico se está deteriorando y sucumben a diversas enfermedades, hasta llegar incluso a la propia muerte.

Sin embargo, los cristianos no se dejan abrumar por problemas que parecen imposibles. Cualquiera sea el tipo de problemas, los cristianos encuentran una solución para ellos. Cristo dijo: «Vengan a mí todos ustedes que están cansados y agobiados, y yo les daré descanso» (Mateo 11:28). Para quienes han aceptado a Jesús como Salvador y dependen de Dios, los problemas no son más que un entrenamiento para hacer más fuerte a la persona. A través de la vigilia de oración o del ayuno, yendo hacia Cristo y dándole a él nuestras cargas, podemos lograr paz y consuelo. Y como Dios lo ha prometido, él quitará nuestros problemas y les hallará solución. A los cristianos que han aprendido a entregar sus cargas a Cristo, el estrés no los afectará; sus problemas les proporcionan oportunidades para llevar su comunión con Dios a un nivel más elevado.

Descanse periódicamente

Cuando una máquina funciona sin cesar es probable que tarde o temprano se rompa. El hombre no es una excepción a esta regla. Si un hombre trabaja trescientos sesenta y cinco días al año, es probable que se agote y se enferme. Dios ordenó al hombre trabajar seis días y descansar el séptimo. Como tal, el hombre debe trabajar arduamente durante seis días y tener un buen descanso el séptimo.

Respondiendo a la pregunta de qué comeremos y qué vestiremos, podemos decir que si una persona trabaja todos los días del año sin descansar, terminará no comiendo ni vistiendo demasiado bien. Realmente sería una tragedia irónica que un hombre trabaje tanto para vivir una vida mejor, y que la misma resulte en su muerte por exceso de trabajo.

El gran profeta Elías no pudo vencer su aflicción mental y la tortura de Jezabel, así que le pidió a Dios que le quitara la vida (1 Reyes 19:1-9). Dios, en cambio, le dio descanso. Dios hizo que Elías cayera en un profundo sueño, despertándolo para alimentarlo. Luego de realizar esto repetidas veces, Elías recobró su salud y Dios hizo que el profeta se dirigiera al Monte Horeb para oír su mensaje.

Con el descanso adecuado las personas cansadas pueden recobrar su salud física. También pueden recuperarse mental y emocionalmente. El descanso brinda renovación mental y física para que nuevamente podamos servir a Dios.

Venza el estrés y la depresión a través del Espíritu Santo

Independientemente de que la gran presión externa pueda sobrecargar a una persona, si tiene fortaleza interior, dicha presión se podrá soportar. Sin embargo, si se carece de tal fortaleza interna, la persona será fácilmente destruida.

Cuando aceptamos a Jesucristo, el Espíritu Santo viene y mora dentro de nosotros (Juan 14:17). «Ustedes, queridos hijos, son de Dios y han vencido a esos falsos profetas, porque el que está en ustedes es más poderoso que el que está en el mundo» (1 Juan 4:4). Ese alguien grandioso que viene y mora en nosotros es el Espíritu Santo. Con él dentro, no existe presión externa lo suficientemente grande como para conducirnos a la destrucción. Toda esa presión puede vencerse con la guía y la ayuda del Espíritu Santo.

Si no podemos vencer una situación por nuestros propios medios, el Espíritu Santo intercede por nosotros (Romanos 8:26). Los que reconocen, aceptan y confían en el Espíritu Santo pueden vencer todo estrés y depresión que surgen de las fuerzas externas.

¿Qué debemos hacer para mantener nuestra salud mental?

Confiese sus pecados

Cuando un hombre peca, su conciencia llena de culpa le hace sentirse avergonzado ante Dios, obligándolo a ocultarse con temor y ansiedad. Esa persona no puede tener gozo ni felicidad. La conciencia de todos los hombres, que actúa como guardián, los sentencia cuando pecan. Habiendo pecado, un hombre no puede salirse con la suya incluso ante su propia conciencia, sino que debe pagar un precio por su pecado.

Un hombre pecador vive con temor de que su pecado le ocasione un castigo social, llevándolo a vivir una vida de engaño y ocultamiento. En un estado como ese, incluso los acontecimientos sin consecuencias hacen que su mente gire en torno al temor y la ansiedad.

Para gozar de estabilidad y consuelo mental, la persona primero debe abordar su pecado. La Biblia nos dice que el hombre nace en pecado (Salmo 51:5). Es más, durante su vida comete una innumerable cantidad de pecados tanto consciente como inconscientemente. Al enfrentar la tribulación muchos piensan inconscientemente: «Debo haber hecho algo malo». La Biblia nos dice: «No hay paz para el malvado» (Isaías 48:22). Sin abordar primero su pecado, el hombre no puede hallar paz.

Hay una sola forma de abordar por completo y quitarse de encima el problema del pecado. Es a través de la aceptación de Jesucristo, quien fue enviado por Dios a este mundo a quitar todos los pecados de los hombres, cargándolos en la cruz. A través de Cristo todo pecado ha sido limpio por completo, permitiéndole al hombre permanecer justo ante Dios. Una vez que el hombre se da cuenta de esta verdad puede ser liberado de su conciencia llena de culpa, y así disfrutar de la verdadera libertad y paz.

A todos los que tienen una fe inamovible en Jesús ya les han sido perdonados sus pecados. Este perdón no es algo que esté influido por la emoción. Únicamente la fe puede traer este perdón. Por esa razón, cuando el diablo viene a susurrar dudas en nuestros oídos acerca de nuestro perdón, confiados, debemos proclamar la promesa de misericordia de Dios y resistir el intento del diablo de tentarnos. Al aceptar a Cristo y la Palabra de Dios podemos liberar nuestra conciencia llena de culpa. Y junto con esa liberación viene el fruto del Espíritu Santo, que nos da acceso al amor, el gozo y la paz que nos permiten degustar una vida de abundancia y plenitud.

Aprenda a contentarse

El apóstol Pablo dijo en Filipenses 4:11-12: «No digo esto porque esté necesitado, pues he aprendido a estar satisfecho en cualquier situación en que me encuentre. Sé lo que es vivir en la pobreza, y lo que es vivir en la abundancia. He aprendido a vivir en todas y cada una de las circunstancias, tanto a quedar saciado como a pasar hambre, a tener de sobra como a sufrir escasez». Incluso cuando debió enfrentar diversas dificultades al difundir el evangelio, el apóstol Pablo pudo encontrar paz y consuelo.

Muchas personas comparan su situación con la de su prójimo. Observan qué automóviles conducen sus vecinos, a dónde van de vacaciones, e intentan fijar una meta para sí mismas sobre la base de lo que ven. Sin embargo, cuando no pueden lograr lo mismo que han logrado ellos, fácilmente caen en la desesperación y se quejan de sus dificultades. Dichas actitudes y posiciones frente a la vida harán que una persona jamás disfrute su existencia.

Así como hay subidas y bajadas cuando viajamos por cualquier camino, siempre hay subidas y bajadas en nuestra vida. A veces nos vemos obligados a sufrir hambre y frío. En otros momentos podemos disfrutar una vida de gran abundancia. Los que han aceptado a Cristo saben que Dios siempre está con ellos. Reconocen a Cristo cuando disfrutan de una vida de increíble abundancia material. El éxito o fracaso externo no pesa sobre ellos; siempre se acuerdan de Cristo y lo glorifican tanto en los buenos como en los malos momentos. Cuando aprendemos a contentarnos como el apóstol Pablo, podemos mantener nuestra salud mental sin importar cuál sea nuestra situación individual.

Libérese de los celos, el odio y el enojo

Hay un viejo dicho en Corea: «Cuando nuestros parientes son prósperos, esta es una fuente de nuestra angustia». Cuando alguien que conocemos tiene éxito y se vuelve próspero, nuestros celos y odio nos perjudican. Si pudiéramos sentir gozo por los logros de los demás, en cambio, esto daría por resultado nuestro propia paz y gozo.

Debemos abandonar nuestro deseo interior de vivir mejor que los demás. En cambio, debemos dedicarnos a considerar cómo podemos vivir una vida justa y placentera para la gloria de Dios. Cuando una persona alberga celos y odio por los que se han vuelto más exitosos que ella, sus emociones le harán perder el sueño por la noche y hasta le quitarán su apetito. Eso solo puede conducir a la pérdida de la salud física. Sin embargo, cuando vivimos una vida justa en Dios y oramos por el bienestar y éxito de los demás, Dios no solo nos garantiza salud, sino que también nos usa en gran manera.

Los celos y conflictos son terrenales, no espirituales, y pertenecen al diablo (Santiago 3:13-16). Cuando albergamos celos y odio en nuestro corazón debemos sacarlos de raíz. Jesucristo nos dijo que amáramos a nuestros enemigos y oráramos por los que nos persiguen. Cristo no pronunció estas palabras para nuestros enemigos, sino para nosotros. Mientras abriguemos tales sentimientos no podremos vivir una vida creativa ni productiva, ni tampoco podremos disfrutar de la paz. Solo debemos permitir que el fruto del Espíritu Santo crezca dentro de nuestro corazón y mente. Recién entonces podremos gozar de paz y abundancia.

No se preocupe ni esté ansioso

«Gran remedio es el corazón alegre, pero el ánimo decaído seca los huesos» (Proverbios 17:22). Cuando perdemos la alegría de nuestro corazón y la reemplazamos por la preocupación y la ansiedad, no es solo difícil de soportar para nuestra mente, sino que esto también tiene un efecto negativo sobre nuestro bienestar físico. Lo que es peor, el hecho de preocuparnos por determinadas cosas puede ser bastante inútil. Cristo dijo: «Vengan a mí todos ustedes que están cansados y agobiados, y yo les daré descanso» (Mateo 11:28). Cuando le entregamos nuestras preocupaciones a Cristo, él por cierto se responsabilizará de ellas.

Para algunos cristianos, el hecho mismo de que Dios puede aliviar nuestras preocupaciones es suficiente para proporcionar consuelo. No importa qué problemas enfrentemos, son incomparablemente triviales en lo que concierne a Dios. El apóstol Pablo dijo: «No se inquieten por nada; más bien, en toda ocasión, con oración y ruego, presenten sus peticiones a Dios y denle gracias. Y la paz de Dios, que sobrepasa todo entendimiento, cuidará sus corazones y sus pensamientos en Cristo Jesús» (Filipenses 4:6-7).

Esté siempre lleno del Espíritu Santo

El Espíritu Santo siempre está cerca de nosotros para ayudarnos y aconsejarnos. Cuando confiamos en el Espíritu Santo, en realidad él nos ayuda y nos consuela. Mientras nos consuela y cura nuestra mente y corazón dañados, podemos descansar en sus brazos protectores y ser sanados.

La competencia por la supervivencia, el rápido ritmo de la vida moderna y la necesidad de trabajar, todo eso constituye un enorme peso sobre las espaldas del hombre moderno, destruyendo su paz y tranquilidad de mente y espíritu. Sin embargo, cuando reconocemos al Espíritu Santo y confiamos en él, levanta nuestras cargas y nos brinda sabiduría para encontrar soluciones para ellas. Asimismo, cuando oramos en lenguas, el Espíritu conoce nuestros pensamientos e intercede por nosotros brindándonos paz.

Cuando se restaura nuestra relación con Dios y aprendemos a contentarnos y a quitarnos de encima el odio y los celos, entonces podemos gozar de tranquilidad mental y emocional a través del Espíritu Santo. Incluso si la superficie del océano es sacudida por vientos y tormentas, a diez metros de profundidad todo está calmo. Aun si somos hostigados por fuerzas externas, nuestra correcta relación con Dios y nuestra confianza en el Espíritu Santo traerá paz a nuestro corazón. La correcta relación con él conduce a una vida saludable.

¿Cómo podemos mantener nuestra salud después de la sanidad divina?

Mantenga una relación estrecha con Cristo

La sanidad divina fluye de Dios. Así como las uvas reciben su nutrición mientras permanecen en la vid, lo mismo se aplica a los cristianos. Con fe en Cristo, mientras estemos apegados a él, podemos recibir todo lo que necesitamos. La sanidad divina es una bendición que recibimos cuando permanecemos en Cristo.

Incluso después que Dios nos ha sanado de una enfermedad, es importante que permanezcamos en Cristo. ¿Qué debemos hacer para permanecer en él? Debemos tener una correcta relación con Jesús. Siempre debemos confiar en el Señor y vivir de acuerdo a su enseñanza y mandamientos, imitando su vida.

Cuando un conducto se obstruye o está oxidado, el agua no puede fluir con facilidad a través de él. Sin embargo, si limpiamos el conducto se resuelve el problema.

De manera similar, cuanto más estrecha sea nuestra relación con Cristo, más seremos bendecidos por él.

Para mantener una relación estrecha y justa con Cristo debemos adorarlo en espíritu y en verdad. Nuestro Señor nos creó y murió para salvarnos. Él desea llenarnos en abundancia con cosas buenas. Con reverencia y en gratitud, debemos asistir al servicio de adoración para glorificarlo a él. Es nuestro deber como ciudadanos del reino de los cielos, nuestro derecho como cristianos.

También debemos dedicar tiempo en nuestra vida cotidiana para leer la Biblia. Los que fueron motivados por Dios para registrar su Palabra escribieron los libros de la Biblia. La Biblia es nuestro maná espiritual. Debemos aprender más del Dios al que servimos y aprender cómo complacerlo. Cuando hacemos esto, nuestra relación con Dios se torna más profunda.

También tenemos que dedicar tiempo a la oración. La oración es nuestra respiración espiritual. Al expresar nuestros pensamientos interiores y nuestra mente a Dios, y al oír su mensaje para nosotros, podemos experimentar el verdadero gozo de vivir. Aunque vivimos apurados y escasos de tiempo debemos dar espacio a la oración: la oración silenciosa, la oración hablada y la oración en lenguas. A través de dichas oraciones podemos mantener una relación estrecha con Dios.

También tenemos que dedicar tiempo a alabar a Dios, quien nos sanó y nos bendijo. Puesto que está escrito en el Salmo 22:3: «Pero tú eres santo, tú eres rey, ¡tú eres la alabanza de Israel!», cuando alabamos a nuestro Dios, podemos experimentar su presencia. En Apocalipsis hay una descripción de una escena en la que todos los creyentes alaban y adoran a Dios en su reino. Ya sea en la tierra o en el cielo, es nuestro deber alabar y adorar a Dios.

Viva una vida santa

El Dios al que servimos es un Dios Santo. En Isaías 6:3 está escrito: «Y se decían el uno al otro: "Santo, santo, santo es el Señor Todopoderoso; toda la tierra está llena de su gloria"». Por otra parte, el diablo y sus siervos son malos, no santos e impuros.

La enfermedad tiene una estrecha relación con los demonios, el pecado y un entorno impuro. Cuando aceptamos al Espíritu Santo y perseguimos una vida santa con la guía del Espíritu, no hay lugar para que la enfermedad viva dentro de nosotros. No obstante, cuando un hombre que ha sido sanado no abandona su pecado y sigue actuando como los malignos, no puede evitar el sufrimiento que proviene de la enfermedad. Cristo, luego de haber sanado a un hombre que había sufrido a lo largo de treinta y ocho años, le dijo: «Mira, ya has quedado sano. No vuelvas a pecar, no sea que te ocurra algo peor» (Juan 5:14).

Aprenda a dar

En este mundo cohabitan tanto los ricos como los pobres. La Biblia nos dice que es Dios el que creó a todas las personas, tanto a los ricos como a los pobres (Proverbios 22:2). Dios enfatiza que los que creen en él deben ocuparse de los que son pobres. En Deuteronomio 24:14-15, Dios prohíbe la discriminación y el abuso de los trabajadores pobres, de modo de que se les deben pagar salarios justos por el trabajo que hicieron ese día. Además, durante la cosecha Dios ordenó que algunos frutos quedaran en los árboles o en el campo, para las viudas, huérfanos y viajeros.

Yo soy padre de tres hijos. Si bien los tres son preciados para mí, mi corazón se vincula más al hijo que ha atravesado momentos difíciles para adaptarse a este mundo que a los que se adaptaron bien. Dios también se preocupa más por sus hijos que necesitan más ayuda que por los que son más capaces. Dios ha prometido en Deuteronomio 24:19 que cuando demostramos una mayor misericordia y preocupación por los que tienen menos que nosotros, y les prestamos asistencia, él también nos bendecirá.

Dios ha dicho que cuando liberemos a los que están oprimidos, le demos comida a los que sufren hambre, ropa a los que no tienen, y cuidemos a nuestros prójimos necesitados, nuestra propia sanidad será facilitada (Isaías 58:6-8). Sin embargo, si no obedecemos a Dios, si nos alejamos de los que necesitan nuestra ayuda, o bien si abusamos de ellos o los oprimimos, nos convertiremos en blanco de enfermedades (Deuteronomio 28:22). Dios nos infligirá con las plagas de Egipto y con tumores, heridas infectadas y picazón, de las cuales no podremos ser curados (Deuteronomio 28:27).

Tomando el ejemplo de nuestro buen y misericordioso Dios, debemos vivir vidas de sacrificio para los demás y ayudar a nuestro prójimo. Cuando lo hagamos, Dios nos mantendrá sanos y nos bendecirá en todas las cosas.

Cuide bien su cuerpo

A fin de mantener nuestra salud, no solo debemos mantener una relación correcta con Dios, sino que también debemos cuidar bien nuestro cuerpo. Debemos autoexaminar nuestro cuerpo y realizar chequeos médicos periódicos para tratar aquellas cosas que pueden curarse fácilmente con la medicina.

Es muy importante que consumamos cantidades adecuadas de alimentos que constituyan una dieta balanceada y que también hagamos ejercicios físicos moderados. Además debemos evitar las cosas que nos vuelven susceptibles a las enfermedades: fumar, beber, utilizar drogas prohibidas que corrompen nuestro cuerpo, seguir una dieta irregular o la falta de sueño.

Una vez que hayamos examinado en primer lugar nuestra salud espiritual y mantengamos una relación justa con Dios, luego tenemos que ocuparnos de forma correcta de nuestro cuerpo durmiendo bien, manteniendo una dieta balanceada y realizado ejercicios físicos.

¿Por qué hay personas que no reciben sanidad divina?

Jesucristo desea curarnos a todos. Sin embargo, no todas las personas que están enfermas reciben la sanidad divina de Dios. ¿Por qué hay personas a quien Dios no sana? Dios es perfecto. El problema no reside en Dios. El problema reside en los que Dios no sana. Analicemos algunos de los motivos.

Puede deberse al pecado de falta de arrepentimiento

La sanidad divina es por la gracia de Dios. Así como la salvación no puede lograrse a través de buenas acciones sino que nos la otorga Cristo, la sanidad divina debe provenir de la gracia de Dios. Cuando un hombre enfermo sigue viviendo en el pecado no puede llegar a Cristo en fe. Si mantenemos el pecado en nuestro corazón, el Señor no escuchará nuestras oraciones (Salmo 66:18). Nuestros pecados bloquean las bendiciones que se dirigen a nosotros (Jeremías 5:25). Cuando pecamos, primero debemos arrepentirnos y ser perdonados antes de ser sanados.

No todos los que asisten a la iglesia son salvos. Hay muchos que asisten a la iglesia por otros motivos que no son la adoración. Asisten por motivos personales, comunión con los demás y con el único propósito de ser sanados. Puesto que Dios es misericordioso, él a veces sana a los incrédulos con el objeto de motivar su corazón a aceptar a Cristo, para poder recibir la bendición aun mayor de la salvación y la vida eterna.

Puede que sea el tiempo de Dios para que esa persona muera

A veces, Dios responde que no a nuestras sinceras oraciones de sanidad porque no es su voluntad que esa persona sea sanada. Habiendo pecado contra Dios, David conoció a Betsabé, quien dio a luz un hijo como resultado de ello. Sin embargo, el hijo se enfermó gravemente. David oró y le pidió a Dios que salvara su vida. David ayunó y oró toda la noche. No obstante, a los siete días, el recién nacido murió. Dios no curó al recién nacido porque él quería que ese lactante muriera.

En el caso del rey Ezequías, Dios le dijo a través del profeta Isaías que el rey estaba próximo a la muerte. Sin embargo, cuando el rey Ezequías derramó lágrimas en oración y arrepentimiento, Dios lo curó de su enfermedad. Si una persona es sanada o no, depende primero de la voluntad de Dios, y también del arrepentimiento del que está enfermo. Por lo tanto, cuando estamos afligidos con enfermedades aparentemente amenazadoras de la vida, primero debemos arrepentirnos de nuestros pecados y luego pedirle a Dios que nos sane.

Puede tratarse de falta de fe o de falta de persistencia en la oración

Así como la fe del que busca la sanidad divina es importante, la fe del que provee esta oración de intercesión también es importante. «Estas señales acompañarán a los que crean: en mi nombre expulsarán demonios; hablarán en nuevas lenguas; tomarán en sus manos serpientes; y cuando beban algo venenoso, no les hará daño alguno; pondrán las manos sobre los enfermos, y éstos recobrarán la salud» (Marcos 16:17-18). Cuando un intercesor ora por la sanidad de otra persona, él mismo debe tener fe.

Cuando oramos por la sanidad divina, debemos continuar fervientemente nuestra oración hasta que Dios responda. Sin embargo, cuando nos damos por vencidos y dejamos de orar, no podremos ser sanados. Dios puede responder en un período corto, o luego de lo que parecen años, debido a que el diablo se mete en el medio.

El Señor le dijo a Daniel: «No tengas miedo, Daniel. Tu petición fue escuchada desde el primer día en que te propusiste ganar entendimiento y humillarte ante tu Dios. En respuesta a ella estoy aquí. Durante veintiún días el príncipe de Persia se me opuso, así que acudió en mi ayuda Miguel, uno de los príncipes del primer rango. Y me quedé allí, con los reyes de Persia. Pero ahora he venido a explicarte lo que va a suceder con tu pueblo en el futuro, pues la visión tiene que ver con el porvenir». (Daniel 10:12-14)

Si bien Dios desea que todos nosotros seamos sanados, el diablo quiere vernos sufrir e intenta manchar nuestra relación con Dios. Como cristianos debemos mantenernos firmes mientras oramos en fe para la sanidad hasta que seamos curados.

Puede que Dios tenga un plan especial para la persona

Dios alababa a Job: «¿Te has puesto a pensar en mi siervo Job? ... No hay en la tierra nadie como él; es un hombre recto e intachable, que me honra y vive apartado del mal» (Job 1:8). Satanás le dijo entonces que el motivo era que Job había sido bendecido demasiado. Si perdía todas sus riquezas y las bendiciones de Dios, él también blasfemaría. Dios le dio permiso a Satanás para tomar toda la riqueza de Job. Sin embargo, cuando Job permaneció fiel a Dios, entonces Satanás dijo que si perdía toda su riqueza y además era afectado por una enfermedad, de seguro blasfemaría contra Dios. A Satanás se le dio el permiso de atacar a Job.

Job era un hombre muy grande en su justicia, sin embargo, padeció una enfermedad de la peor manera. Esto fue debido a la providencia de Dios. Satanás, que siempre mira las cosas de manera negativa, comenzó a dudar de la fe de Job. Dios le permitió que probara dicha fe. A través de esto, Dios le demostró a Satanás que estaba equivocado, y al mismo tiempo le dio una gran oportunidad a Job, quien se dio cuenta de la omnipotencia y omnisciencia de Dios.

El apóstol Pablo, que testificó ante muchas personas en tierras lejanas, recibió mucha gracia y revelación de Dios. Para que no fuera demasiado orgulloso, Dios le puso una espina en su cuerpo. Pablo le pidió a Dios que se la quitara en tres situaciones aisladas, pero él respondió: «*Te basta con mi gracia, pues mi poder se perfecciona en la debilidad*» (2 Corintios 12:9). Si bien Pablo no mencionó exactamente qué era la espina, muchos interpretan que Pablo padecía de alguna enfermedad que no puede mencionarse. A veces, Dios permite en su voluntad que los cristianos fieles sean golpeados con enfermedades. Cuando vemos a nuestros amigos cristianos padeciendo alguna enfermedad, no debemos juzgarlos rápidamente. Tampoco debemos dejarnos derrumbar demasiado cuando no somos sanados de nuestras propias enfermedades.

No resulta fácil explicar todos los motivos por los cuales Dios no sana a algunas personas. Si bien somos testigos de que Dios en realidad sana a los enfermos hoy, algunos, sin embargo, no son sanados. En tales casos, se necesita un cuidadoso análisis y meditación, preguntándole a Cristo por el motivo y orientando el corazón y los oídos hacia la respuesta que él nos dará. Cuando Cristo señala el camino, debemos obedecerle.

Noveno caso

Este es el testimonio de una mujer a la que se le diagnosticó cáncer de útero. Su familia no estaba en condiciones financieras para encarar una cirugía, de modo que no la operaron. Como resultado de ello, el cáncer avanzó hasta una etapa incurable y debió someterse a terapia de radiaciones. El tratamiento hizo que su piel se volviera oscura y agrietada, ocasionándole un dolor indescriptible cuando intentaba acostarse o levantarse. Perdió su visión y su estado se deterioraba. Parecía no haber nada que pudiera hacer, salvo esperar su muerte.

Había perdido a sus padres mientras estaba en la escuela secundaria. Su matrimonio era una relación infeliz, en el transcurso de la cual su marido fue encarcelado en tres oportunidades, y había tolerado problemas de todo tipo de su familia política. Con una vida tan llena de dificultades, estaba convencida de que su destino era la desgracia. Mientras estaba postrada en cama esperando su último aliento, los miembros de un grupo de células de la iglesia Yoido Full Gospel oyeron acerca de su situación y fueron a visitarla. Puesto que había sentido tanta soledad durante su enfermedad, se aferró al grupo mientras lloraba incontrolablemente. Los miembros del grupo la llevaron dentro de su corazón y oraron por ella. El líder de la célula le testificó sobre Cristo y la invitó a que aceptara a Jesús como su Salvador.

Cuando aceptó a Cristo en su corazón, sucedió un milagro. ¡En ese mismo instante se detuvo la hemorragia! Puesto que había estado sangrando durante tanto tiempo, no tenía fortaleza física. Entonces el líder de la célula la instó a ir a la Montaña de Oración, donde Dios podría sanarla por completo. La mujer fue con el líder de célula y oró y ayunó durante diez días. Cristo tuvo gran piedad de ella y recibió el don de lenguas y una firme convicción para ser sanada.

Al regresar de la montaña, fue al hospital para escuchar el informe médico que le decía que ya no tenía cáncer. Sintió como si esas palabras vinieran de un sueño. ¡Era un milagro! Dichos milagros suceden aún hoy. ¡Pueden suceder en este mismo momento!

Décimo caso

Había un pastor que sufrió de hepatitis mientras vivía como misionero en el Congo. Esta enfermedad lo obligó a regresar a su casa para vivir una vida de desgracia y desesperación.

Mientras estaba en la cama leyendo la Biblia, una brillante luz de gozo ingresó a su corazón al tiempo que el versículo de 1 Pedro 2:24 llegó a él: «Él mismo, en su cuerpo, llevó al madero nuestros pecados, para que muramos al pecado y vivamos para la justicia. Por sus heridas ustedes han sido sanados».

Las lágrimas le llenaron los ojos. No podía contener su emoción por el hecho de entender que Cristo murió por nosotros, para que podamos vivir. Entonces la voz del Espíritu Santo le dijo que Cristo fue herido para que pudiéramos ser sanados. Esto le trajo un llanto inconsolable.

«Hijo mío, tomé en mí tu enfermedad y sufrimiento, y toleré el dolor que me causaron los soldados romanos en el patio de Pilato. Te he redimido de tu enfermedad. ¿Crees firmemente en esto?»

Mientras la voz del Espíritu Santo entraba en su corazón, se convenció de su sanidad. Llamó a su esposa con confianza: «Escúchame. La Biblia nos dice que Cristo fue herido para que podamos ser sanados. El Espíritu Santo me habló a través de este versículo. Ya no estoy enfermo. No necesito estar en cama. Debo levantarme y ocuparme de mis cosas».

Se levantó de la cama y comenzó a trabajar para Dios nuevamente. No solo se recuperó de su enfermedad, sino que también se volvió más activo que antes. ¡Dios lo sanó porque él era inconmovible en su fe en Dios, quien todavía hoy sana!

Repaso

1. *¿Qué debemos hacer para vencer el estrés y la depresión que nos afligen?*

2. *¿Qué debemos hacer para ser sanos mental y emocionalmente?*

3. *¿Qué debemos hacer para mantener nuestra salud?*

4. *¿Por qué hay algunos a quien Dios no sana?*

____

____

____

____

____

____

Lea los siguientes versículos y medite sobre ellos:

- *Proverbios 4:23*
- *Santiago 5:15-16*
- *Apocalipsis 3:20*

Disfrute de otras publicaciones de Editorial Vida

Desde 1946, Editorial Vida es fiel amiga del pueblo hispano a través de la mejor literatura evangélica. Editorial Vida publica libros prácticos y de sólidas doctrinas que enriquecen el caudal de conocimiento de sus lectores.

Nuestras Biblias de Estudio poseen características que ayudan al lector a crecer en el conocimiento de las Sagradas Escrituras y a comprenderlas mejor. Vida Nueva es el más completo y actualizado plan de estudio de Escuela Dominical y el mejor recurso educativo en español. Además, nuestra serie de grabaciones de alabanzas y adoración, Vida Music renueva su espíritu y llena su alma de gratitud a Dios.

En las siguientes páginas se describen otras excelentes publicaciones producidas especialmente para usted. Adquiera productos de Editorial Vida en su librería cristiana más cercana.

Dedicados A La Excelencia

Una vida con propósito

Rick Warren, reconocido autor de *Una Iglesia con Propósito*, plantea ahora un nuevo reto al creyente que quiere alcanzar una vida victoriosa. La obra enfoca la edificación del individuo como parte integral del proceso formador del cuerpo de Cristo. Cada ser humano tiene algo que le inspira, motiva o impulsa a actuar a través de su existencia. Y eso es lo que usted podrá descubrir cuando lea las páginas de *Una vida con propósito.*

0-8297-3786-3

Nos agradaría recibir noticias suyas.
Por favor, envíe sus comentarios sobre este libro a la dirección que aparece a continuación.
Muchas gracias

Editorial Vida
7500 NW 25 Street Suite # 239
Miami, Fl. 33122

Vidapub.sales@zondervan.com
http://www.editorialvida.com